GRAINE

Les 7 étapes fondamentales pour démarrer votre propre entreprise

Wayne Fox

Copyright © 2014 par Wayne Fox. Tous droits réservés. Aucune partie de ce livre ne peut être reproduite sous quelque forme que ce soit sans l'autorisation écrite de l'auteur. Les évaluateurs peuvent citer de brefs passages dans les critiques.

Avis de non-responsabilité et avis de non-responsabilité FTC Aucune partie de cette publication ne peut être reproduite ou transmise sous quelque forme ou par quelque moyen que ce soit, mécanique ou électronique, y compris la photocopie ou l'enregistrement, ou par tout système de stockage et de récupération d'informations, ou transmise par courrier électronique sans l'autorisation écrite de l'éditeur.

Bien que toutes les tentatives aient été faites pour vérifier les informations fournies dans cette publication, l'auteur n'assume aucune responsabilité pour les erreurs, omissions ou interprétations contraires du sujet présenté ici.

Ce livre est uniquement destiné à des fins de divertissement. Les opinions exprimées sont celles de l'auteur uniquement et ne doivent pas être considérées comme des instructions ou des ordres d'experts. Le lecteur est responsable de ses propres actes.

Le respect de toutes les lois et réglementations applicables, y compris les licences professionnelles internationales fédérales, étatiques et locales, les pratiques commerciales, la publicité et tous les autres aspects de la conduite des affaires aux États-Unis, au Canada, au Royaume-Uni ou dans toute autre juridiction, relève de la seule responsabilité du acheteur ou lecteur.

L'auteur n'assume aucune responsabilité de quelque nature que ce soit au nom de l'acheteur ou du lecteur de ce matériel.

Tout affront perçu envers un individu ou une organisation est purement involontaire. J'utilise parfois des liens d'affiliation avec le contenu du livre. Cela signifie qu'en effectuant un achat, je recevrai une commission de vente. Cela ne signifie cependant pas que mon avis est à vendre. Tous les liens d'affiliation répertoriés dans le livre sont les services et produits pour lesquels j'ai moi-même utilisé et que j'ai trouvé utile. Le lecteur ou l'acheteur doit faire ses propres recherches avant d'effectuer un achat en ligne.

Contenu

1. Introduction
2. Voulez-vous vraiment créer une entreprise?
3. La triste réalité
4. Connaissez votre personnalité et construisez votre plan autour de cela
5. Qu'est-ce que ça veut dire?
6. Quel type d'entreprise ?
7. Vous comprendre
8. Les options pour démarrer une entreprise
9. Identifiez vos clients cibles
10. Comment allez-vous atteindre votre objectif ?
11. Les finances
12. Choisissez une structure juridique
13. Mise en place de l'entreprise
14. Service de livraison
15. Tester et perfectionner le modèle
16. Mettez un plan en place.
17. Obstacles
18. Conclusion
19. A propos de l'auteur

Introduction

Avez-vous déjà eu envie de démarrer une entreprise, mais vous ne saviez pas trop par où commencer ? Peut-être qu'il vous manquait quelques pièces dans votre « puzzle d'entreprise » ?

Il existe de nombreux livres qui vous offrent des conseils pratiques sur la façon de démarrer une entreprise, mais la plupart sont écrits par des personnes qui ne l'ont jamais fait eux-mêmes, ou par des soi-disant « professeurs de commerce ». Je n'ai rien contre ces gens ou leur travail. En fait, j'admire leur passion pour ce qu'ils font, mais en parler et le faire réellement sont deux choses très différentes.

J'ai décidé d'écrire ce livre pour deux raisons. D'abord parce que je voyais un besoin sur le marché. De nombreuses personnes ont des idées commerciales, mais ne disposent pas de toutes les pièces du puzzle et ont donc du mal à faire avancer les choses dans la bonne direction.

Deuxièmement, parce que j'ai baigné toute ma vie dans le monde de l'entreprise et que c'est une de mes passions fortes dans laquelle j'ai la chance d'avoir connu une certaine réussite, j'ai pensé que j'aimerais transmettre mon expérience pour aider d'autres pour réaliser leurs rêves.

J'ose dire que vous pourriez lire d'autres livres écrits par des hommes d'affaires expérimentés qui vous disent de faire les choses d'une manière légèrement différente de la mienne, et ce n'est pas grave aussi. Je ne prétends pas être un dieu des affaires. Je vous dis simplement ce que j'ai appris dans l'espoir que vous puissiez également en tirer un peu de succès. Nous sommes tous dans un voyage d'apprentissage, et je peaufinerai probablement mon livre plus tard si j'apprends une façon légèrement meilleure de faire quelque chose. La technologie évoluant plus vite que je ne peux attacher mes lacets, c'est tout à fait possible.

Démarrer votre entreprise peut être une expérience incroyable. Vous êtes responsable de votre propre destin. C'est le genre d'expérience qui, une fois que vous aurez commencé, vous ne voudrez plus jamais être un esclave salarié. J'espère que ce livre vous aidera à démarrer votre chemin.

10

Voulez-vous vraiment créer une entreprise?

Etes-vous autodiscipliné ? Pouvez-vous penser de manière stratégique ? Es-tu un résolveur de problème? Êtes-vous persistant ? Etes-vous ambitieux ?

Si vous vous contentez de ce qui existe, il est probable que quelqu'un vous le prenne. Si tu as vu *Dynastie* (la série télévisée), vous avez une certaine idée du fonctionnement du monde des affaires. Sauf que je dirais que c'est un peu plus convivial dans le monde réel, et moins trompeur, alors ne vous attardez pas trop sur cette idée du monde des affaires. Si les choses se passaient comme dans la série télévisée, les entreprises ne dureraient pas très longtemps, car personne ne vous ferait confiance. Comme vous le découvrirez, la réussite commerciale est en grande partie dictée par la confiance.

Les affaires sont un monde acharné ; si vous n'êtes pas prêt à vous battre pour ce en quoi vous croyez, ne vous lancez pas. Vous avez certainement besoin d'une équipe de personnes autour de vous pour bâtir une entreprise prospère.

Vous pouvez créer une entreprise d'usine médiocre, mais même cela est peu probable. Par exemple, que se passe-t-il lorsque vous heurtez un mur de briques, ce que vous ferez probablement de temps en temps ?

Ou peut-être rencontrerez-vous un problème ? Si vous n'êtes pas persévérant ou si vous ne savez pas résoudre les problèmes, vous abandonnerez probablement.

Si vous n'êtes pas discipliné, qui vous gardera sous contrôle lorsqu'il y a du travail à faire, mais vous préférez consulter Facebook ou regarder une émission de téléréalité à la télévision ?

La triste réalité

Si vous envisagez de démarrer votre propre entreprise, il est normal que vous connaissiez quelques statistiques sur le monde dans lequel vous êtes sur le point d'entrer. Il s'agit d'un court chapitre traitant des faits et statistiques alarmants sur les startups d'entreprises. Certains pourraient y voir une chose négative, mais si vous êtes comme moi, vous l'utiliserez comme un outil de motivation pour prouver que vous ne faites pas partie de ces statistiques. Il s'agit également de se mettre en mesure de réduire toute responsabilité personnelle en cas de panne.

Pouvez-vous être exceptionnel ?

90 % des nouvelles entreprises échouent au cours des cinq premières années. Cela signifie que si seulement 10 % des entreprises y parviennent, alors vous devez être exceptionnel dans ce que vous faites. Être exceptionnel dans ce que vous faites signifie plus que fournir un produit ou un service.

Être exceptionnel signifie être le meilleur pour créer quelque chose que le client veut, le faire savoir à suffisamment de personnes grâce à vos efforts de marketing, atteindre des niveaux de ventes fantastiques, avoir des clients qui frappent à votre porte pour l'acheter, puis le produit doit également être livré de manière exceptionnelle, livré avec soin mais aussi qualité perfectionniste.

Une fois que vous l'avez livré, vous devez gérer vos finances, être payé pour ce que vous faites, tout en gagnant suffisamment d'argent pour payer tous les frais généraux et coûts de votre entreprise. Après avoir géré les finances, vous avez probablement des problèmes de support à régler. C'est ce que j'appelle l'infrastructure de l'entreprise, mais ils couvrent des choses comme la gestion de vos locaux commerciaux, le bon fonctionnement des systèmes, le tri des problèmes informatiques et tout simplement des problèmes généraux. des problèmes que vous souhaiteriez probablement que quelqu'un d'autre puisse les résoudre. Si vous avez déjà travaillé dans une grande entreprise, c'est le genre de choses que vous considérez comme allant de soi, mais qui sont essentielles au bon fonctionnement de l'entreprise.

Pensez-vous toujours que vous pouvez être exceptionnel ?

Nous ne connaissons pas les statistiques exactes sur les raisons de leur échec, mais les raisons les plus courantes sont :

- Manque de planification
- Ne pas être persistant
- Propriétaires désillusionnés (les fondateurs gagnent moins que s'ils occupaient un emploi)
- Surconcentration des ressources ou concentration sur un ou deux clients
- Mauvais contrôle des finances et de la gestion de la trésorerie
- Passion perdue dans le métier

Un fondateur de startup typique aura :

- 1 à 2 mois de salaire en épargne
- Expérience pratique, mais très peu d'expérience de l'ensemble de l'entreprise et des processus impliqués
- Une attitude similaire à « Si je peux le faire en travaillant pour lui, je peux le faire en travaillant pour moi-même »

À ce stade, je pense qu'il est important de souligner que si vous n'aimez pas ce discours jusqu'à présent et que vous pensez que démarrer une entreprise n'est plus pour vous, c'est assez juste. Le but de vous emmener dans ce voyage était de vous montrer d'abord les inconvénients afin qu'à partir de maintenant, tout vous aide à bâtir une entreprise prospère tout en étant toujours conscient des aspects négatifs. J'aurais pu commencer par vous dire à quel point la vie est incroyable, mais vous auriez créé votre entreprise avec un état d'esprit complètement différent. Vous le feriez échouer à la première déception.

Plusieurs options s'offrent à vous pour démarrer une entreprise. Ne vous découragez pas. Il existe probablement une autre façon de réaliser vos rêves. Continuez à lire et je vais vous montrer comment.

Connaissez votre personnalité et construisez votre plan autour de cela

J'ai inséré un lien à la fin de ce chapitre. Cela vous donnera un test rapide de deux minutes et vous aidera à identifier le type de personnalité que vous avez. Vous avez peut-être déjà entendu parler du profilage de personnalité ; vous l'avez peut-être fait à l'école, au collège ou à l'université, ou si votre employeur était intelligent, vous l'avez probablement fait avec lui. La plupart des systèmes de profilage ne vous disent cependant pas quoi faire de ces connaissances une fois que vous les avez acquises.

En connaissant votre personnalité, vous pouvez identifier le type de rôles dans lesquels vous serez le plus fort. Cela ne veut pas dire que vous serez nul dans le reste, mais il est préférable de vous concentrer sur ce pour quoi vous êtes le plus fort. Beaucoup de gens se concentrent sur leurs compétences les plus faibles et se demandent ensuite pourquoi ils ne réussissent pas très bien. Vous avez des atouts pour une raison – alors utilisez-les.

À titre d'exemple, on nous apprend à nous concentrer sur nos faiblesses dès notre plus jeune âge, pendant nos années scolaires. Nous serons pauvres dans quelque chose et nous aurons du travail supplémentaire à faire à la maison, peut-être des cours supplémentaires pour développer nos connaissances sur quelque chose pour lequel nous ne sommes pas bons. Il y a de fortes chances que ce sujet en particulier ne nous intéresse tout simplement pas, mais pour une raison quelconque, on nous apprend que nous devons être bons dans tout, sinon nous sommes un échec.

Et si nous étions bons dans un seul sujet ? Dans cet exemple d'école, supposons que nous sommes doués pour apprendre les langues.

Si nous concentrions toutes nos années d'école sur ce seul sujet, nous parlerions probablement plusieurs langues et deviendrions exceptionnels dans nos communications ultérieures. Pensez aux emplois disponibles pour les personnes capables de communiquer dans plusieurs langues.

Au lieu de cela, nous devons nous concentrer sur les matières dans lesquelles nous étions mauvais, et nous finissons par sortir de l'école avec des notes moyennes dans chaque matière. Le même exemple vaut pour les examens traditionnels de fin de trimestre. Bien qu'il existe d'autres formes de mesure de la réussite scolaire, l'une des plus utilisées est les examens de fin de trimestre.

À moins que vous ne soyez doué pour mémoriser des choses, vous serez plutôt nul aux examens, mais pourquoi insiste-t-on autant sur ce formulaire ou sur les tests et la mesure de la réussite scolaire si tel est le cas ? Vous êtes peut-être doué pour résoudre des problèmes sur place et réfléchir rapidement, mais il n'y a pas d'examen pour cela, vous devez donc être un échec, n'est-ce pas ?

Faux. Si vous vous évaluez par rapport aux forces de quelqu'un d'autre, vous pourriez passer pour un échec par rapport à lui. Je comprends mes propres forces, je suis une personne naturellement créative et je peux vous proposer 1 000 solutions à 10 problèmes. Je sais que ma force réside dans le fait d'utiliser ma nature créative et stratégique pour aider les autres. J'étais plutôt nul à l'école et j'ai obtenu des notes moyennes, les mathématiques étant ma meilleure matière.

La seule raison pour laquelle j'ai obtenu une note décente dans cette matière était que la moitié de la note était mesurée sur un projet en classe, tandis que l'autre moitié était l'examen de fin d'année. J'ai obtenu une note de 98 % pour le projet en classe, la meilleure de la classe, mais j'ai à peine réussi l'examen.

Même si je peux exercer de nombreuses compétences nécessaires en affaires, je sais que je ne suis pas aussi fort que les personnes spécialisées dans d'autres domaines.

Par exemple, je sais que j'ai besoin de quelqu'un pour se concentrer sur les ventes, de quelqu'un pour se concentrer sur les détails de la fourniture du service ou du produit, et peut-être de quelqu'un pour construire mes systèmes de back-office et mon infrastructure informatique.

Les gens voient souvent mon historique de croissance très rapide et s'attendent à ce que je sois un vendeur très performant. Même si je peux vendre, je suis assez moyen en matière de persuasion. Mon succès dans la croissance rapide d'entreprises vient des stratégies que j'ai utilisées, ce sont mes compétences et ce sont celles auxquelles je m'en tiens maintenant.

Chaque fois que je m'éloigne de mes propres compétences, pour me concentrer sur un autre type de compétence pour lequel je ne suis pas fort, les choses ne se passent pas bien pour moi. C'est un peu comme quand vous voyez les gourous sur internet vous proposer de vous apprendre à devenir millionnaire en bitcoin.

Je sais que tenter d'échanger des bitcoins serait un désastre, ce n'est pas ma compétence, je n'ai pas l'attention aux détails nécessaire, et donc si j'essayais d'imiter le succès de quelqu'un d'autre dans ce domaine, je finirais par oublier quelque chose. important, et finira probablement par faire faillite.

Tout cela se résume à la conscience de soi, et ce processus commence par la compréhension de votre profil de personnalité. En passant le test de personnalité suivant, vous vous lancerez sur la voie de votre propre réussite et vous comprendrez mieux votre prochaine étape. C'est probablement la partie la plus importante de votre avenir et cela pourrait vous éviter bien des introspections ainsi que certains désastres à l'avenir.

Voici le lien. Aller à www.geniusu.com. Cela prendra deux minutes et c'est gratuit. Il est très important que vous passiez le test en ligne avant de continuer dans le livre.

Qu'est-ce que ça veut dire?

Peut-être avez-vous remarqué qu'il existe de nombreuses vidéos sur le site Web qui vous parlent de votre type de personnalité et de ce que cela signifie. J'espère que vous avez pris quelques minutes pour les regarder et que vous les comprenez un peu mieux. Pour notre propos, nous allons les résumer ci-dessous, et vous comprendrez à quel point il est important que nous les utilisions pour aller de l'avant. Comme vous le savez probablement déjà, le test de profilage a été développé par son collègue entrepreneur et auteur commercial Roger Hamilton, et c'est le seul test que j'ai rencontré qui vous aide à comprendre ce que signifie votre résultat.

J'ai poussé les significations plus loin afin que vous puissiez mieux comprendre votre profil et comprendre quelles sont les meilleures options pour faire avancer votre idée d'entreprise. Je serais ravi d'avoir de vos nouvelles et de savoir quel est votre génie, car c'est quelque chose qui m'intéresse vraiment et qui sait, peut-être que nous pourrons même travailler sur quelque chose ensemble.

Génie Dynamo

Développer des concepts et des idées dans un modèle commercial physique

Forces :

- Créer des choses
- Inventer des choses
- Améliorer les choses et les rendre meilleurs
- Stratégies et résolution de problèmes
- Innovation

Type d'entreprise idéal :

- Nouvelle entreprise ou entreprise à laquelle vous pouvez ajouter de nouveaux produits et services

Génie flamboyant

Vendre, créer des canaux de vente et des itinéraires vers le marché

Forces:

- Personnes
- Des relations
- Promotion

Type d'entreprise idéal :

- Franchise de vente
- Promouvoir une marque
- Marketing d'affiliation ou de réseau
- Relations publiques
- Toute entreprise où vous pouvez augmenter ses canaux de vente

Génie du tempo

Livrer le produit ou le service

Forces :

- Le souci du détail et de la qualité
- Gérer les choses sur le terrain

Type d'entreprise idéal :

- Franchise de service (notez que vous aurez besoin d'un vendeur solide s'il ne fournit pas de clients)

Génie de l'acier

Simplifier et systématiser l'entreprise

Forces :

- Analyse
- Simplifier
- Systématiser

Type d'entreprise idéal :

- Entreprise d'analyse, de conseil ou de fournisseur de systèmes
- Services financiers
- Services juridiques

Quel type d'entreprise ?

Alors, en fonction de vos résultats, quel type d'entreprise devriez-vous choisir ?

Un certain nombre d'opportunités s'offrent à vous, chacune comportant des points positifs et négatifs. Nous les examinerons tour à tour.

- Acheter une franchise
- Commencer à partir de zéro
- Acheter une entreprise
- Soyez un intrapreneur

Acheter une franchise.

Points positifs : Un système éprouvé, une marque reconnue, un support commercial

Points négatifs : Impossible de changer les choses, impossible d'ajouter des services ou des produits à l'offre existante, l'achat de la franchise peut représenter un coût initial important. La plupart du temps, vous devez développer votre propre clientèle

Commencer à partir de zéro.

Points positifs : vous pouvez créer votre propre modèle économique

Points négatifs : stratégie à risque le plus élevé, taux d'échec élevé, aucune reconnaissance de la marque, risque de perdre votre investissement très rapidement, constitution d'une base de clients à partir de zéro

Acheter une entreprise.

Points positifs : Une clientèle existante, un nom commercial et une réputation reconnus, structurent l'achat en fonction des bénéfices futurs, un risque faible s'il est géré correctement et que l'entreprise a une bonne réputation.

Points négatifs : risque d'anciens clients aliénés, éventuellement de prise en charge des problèmes de quelqu'un d'autre, risque de voir des membres du personnel partir avec l'ancien propriétaire, vous devez avoir dirigé une entreprise similaire auparavant

Soyez un intrapreneur

Être intrapreneur, c'est faire quelque chose au sein d'une entreprise existante. Cela signifie faire équipe avec un propriétaire d'entreprise établi et utiliser vos compétences pour l'aider dans son parcours, en échange d'une part de propriété dans cette entreprise.

Points positifs : clientèle établie, équipe d'employés sur laquelle vous pouvez faire appel lorsque vous en avez besoin, l'entreprise a des antécédents et une réputation bien établis.

Points négatifs : Votre « nom de marque » n'est pas affiché au-dessus de la porte, vous ne possédez pas 100 % de l'entreprise.

Vous comprendre

Outre le test de personnalité, cette section a vraiment pour but de vous aider à comprendre où se situent les résultats de votre test et peut-être où vous devriez rechercher une opportunité. Si vous avez déjà un secteur/une entreprise en tête, vous pouvez soit ignorer cette section, soit l'utiliser comme point de référence.

- Quels sont vos points forts?

- Quels rôles avez-vous appréciés dans le passé ?

- Savez-vous pourquoi vous avez aimé les faire ? C'était peut-être l'interaction avec les gens, ou peut-être plus que vous aimez être organisé et que tout le monde autour de vous soit organisé.

- Quelle expérience avez-vous ?

Si vous avez travaillé quelques années dans un secteur particulier, vous savez comment cela fonctionne à un niveau ou à un autre (qu'il s'agisse de la livraison pratique ou du processus de back-office). Quoi qu'il en soit, vous avez des connaissances privilégiées (et probablement des contacts) dans ce secteur.

Si vous n'avez pas d'expérience dans ce secteur (c'est-à-dire que vous êtes peut-être un soldat à la retraite, un diplômé, un décrocheur du secondaire, etc.), alors vous avez deux options :

1. Trouver un emploi rémunéré et découvrir un secteur particulier,

    OU

2. Examinez plus profondément vos passe-temps et vos intérêts.

Quoi qu'il en soit, il faut de la passion dans ce secteur. Si vous manquez de passion dans le secteur dans lequel vous travaillez, vous abandonnerez probablement lorsque les temps seront durs (ce qui sera le cas).

Pourquoi voulez-vous créer une entreprise ?

Si c'est pour de l'argent…. ARRÊT! Le voyage sera trop difficile pour vous et vous perdrez probablement tout bien avant de gagner un salaire proche du genre d'argent que vous gagnez actuellement dans votre travail à temps plein.

Si c'est pour la liberté….STOP ! Le plus grand mythe est que vous serez libre. Au lieu d'avoir un seul patron à satisfaire, vous en aurez désormais 50, 100, 150, voire plus, qui s'attendent tous à ce que vous les satisfassiez MAINTENANT. Chaque client croira que vous lui possédez. Ils vous paient, alors vous feriez mieux d'être prêt à leur embrasser le derrière !

Jusqu'à ce que vous ayez une équipe de direction complète en place, et généralement quelqu'un pour faire le « baiser arrière » à votre place (ou l'équivalent en personnel virtuel externalisé), vous travaillerez 18 heures par jour, 7 jours par semaine. Vous serez cependant libre de travailler les 18 heures de la journée que vous souhaitez.

Par exemple, vous pouvez choisir de travailler de 6h00 à minuit ou, si vous le souhaitez, de 5h00 à 23h00. Hé, vous ne pourriez pas faire ça avec un emploi régulier – ne portez pas atteinte à cette liberté. N'oubliez pas : c'est ce que vous vouliez !

Les options pour démarrer une entreprise

En fonction de votre type de personnalité, j'ai répertorié les opportunités qui s'offrent à vous et, à mon avis, les meilleures options pour améliorer vos chances de réussite.

Génie Dynamo-

Achetez une entreprise.

- Créez un nouveau service ou améliorez les produits et services existants. Assurez-vous d'avoir une équipe de direction en place pour gérer la livraison et assurez-vous que l'entreprise peut prendre en charge vos dépenses. Vous ne travaillerez pas « dans » l'entreprise. N'essayez pas de travailler « dans » l'entreprise ; ce n'est pas votre force, et vous ne serez que malheureux et infructueux.

Commencer à partir de zéro.

- Sur la base de votre expérience dans le secteur, améliorez quelque chose au sein de ce secteur.

Achetez une franchise.

- Cette option vous rendra très malheureux. Vous ne pourrez pas exprimer votre créativité et l'entreprise échouera inévitablement, emportant avec elle votre investissement.

Génie flamboyant-

Achetez une entreprise.

- Augmentez les canaux de vente et faites la promotion de votre entreprise de toutes les manières possibles. Assurez-vous d'avoir une bonne équipe de livraison en place, sinon votre qualité en souffrira.

Commencer à partir de zéro.

- Prenez une marque existante et multipliez ses canaux de vente. Le marketing d'affiliation ou de réseau pourrait être bénéfique pour vous. Changer de secteur ou repartir littéralement de zéro n'est pas pour vous.

Achetez une franchise.

- Une franchise de vente est parfaite pour vous. Cela vous donne une marque à promouvoir, ainsi que des systèmes et un modèle commercial éprouvés pour vous permettre de continuer. Essayez de trouver un modèle de franchise qui vous élimine autant de paperasse que possible, vous laissant ainsi du temps libre pour établir ces relations commerciales d'une importance vitale.

Génie du tempo-

Achetez une entreprise.

- Améliorer la qualité de la prestation de services. Assurez-vous de disposer d'une bonne équipe commerciale et de nombreux canaux de vente.

  Si les ventes se tarissent, vous aurez du mal à faire fonctionner l'entreprise, surtout s'il ne s'agit pas d'une entreprise bien établie dans le secteur.

Commencer à partir de zéro.

- À moins que vous n'envisagiez de devenir travailleur indépendant et de fournir des services pratiques à des entreprises existantes, ce n'est pas la meilleure option pour vous. Vous aurez du mal à réaliser de nouvelles ventes et votre entreprise doit être une entreprise de copie. N'essayez pas de changer le monde ; cela va drainer votre énergie. Pour réussir dans le modèle de travail indépendant, vous avez besoin d'une équipe de vente solide et de systèmes permettant de garantir la croissance de l'entreprise à mesure que vous recrutez davantage de personnel pratique.

Achetez une franchise.

- Une franchise de services est parfaite pour vous. Cela vous donne une marque reconnue. Si vous achetez la bonne franchise, vous n'aurez pas à vous soucier des ventes. Vous travaillerez dans un modèle économique éprouvé et rentable.

  Avec ce modèle, vous pouvez vous concentrer sur la fourniture de produits ou de services de bonne qualité, conformément à la formation que le franchiseur vous a dispensée. Dans la mesure du possible, essayez de trouver une entreprise franchisée qui n'a pas besoin que vous « vendiez » l'entreprise. Certains franchisés assument ce rôle de manière centralisée.

Génie de l'acier-

Achetez une entreprise.

- Une entreprise en démarrage est la meilleure opportunité pour vous. Si vous avez une expérience en gestion, une entreprise de redressement pourrait convenir. De nombreuses petites entreprises échouent parce qu'elles tentent de se développer sans mettre en place au préalable les systèmes et la structure de back-office. Votre nature analytique est forte dans ce domaine. Analysez l'entreprise, simplifiez-la et améliorez-la en mettant en place les processus et les systèmes pour l'améliorer.

Il est assez courant que ce type de personnalité travaille avec un type de dynamo et crée une entreprise en marque de franchise. De nombreux investisseurs commerciaux ont également ce type de personnalité.

Commencer à partir de zéro.

- C'est probablement l'entreprise dans laquelle il est le plus difficile de réussir. Le meilleur type d'entreprise pour démarrer serait celle avec des ventes automatisées, comme une entreprise en ligne où un minimum de contacts face à face est nécessaire pour réaliser une vente. Vous préférez la simplicité et certains clients considèrent cette approche comme impétueuse.

Pour réussir dans ce modèle, vous aurez besoin d'une idée/modèle commercial éprouvé. Vous aurez besoin du canal de vente et de personnes pratiques pour livrer les marchandises. Comprenez que votre force réside dans la transformation de « choses qui fonctionnent déjà » en « choses qui fonctionnent à merveille, avec moins de pièces ».

Si vous avez de l'expérience en codage informatique, la création d'applications et de plates-formes Internet peut être une voie à choisir, mais travaillez avec une dynamo ou un génie flamboyant pour comprendre ce que veut le client et quel type de problème vous résolvez, ou bien vous pourriez finir par créer une solution à un problème qui n'existe pas réellement.

Achetez une franchise.

- Ce n'est pas la meilleure option pour vous, vous vous ennuierez énormément et vous travaillerez dans un système qui a déjà fait ses preuves. Vous n'aurez rien à faire et vous ne pourrez pas améliorer les processus métier.

Beaucoup de gens pensent que la seule option pour démarrer une entreprise est de suivre la voie la plus évidente et de repartir de zéro. En réalité, c'est le plus risqué. Si votre personnalité vous convient, explorez davantage les options de franchise ou d'achat d'entreprise.

Même si le coût initial peut sembler inconfortable, les résultats finaux pourraient bien le rendre plus viable. Ne vous laissez pas décourager par le facteur coût initial.

Partir de zéro vous coûtera beaucoup plus d'argent pour arriver au même stade éprouvé avec la même notoriété de marque sur votre marché que les deux autres options. Vous pensez peut-être qu'il est possible de démarrer une entreprise à très peu de frais en partant de zéro, mais croyez-moi, cela vous coûtera beaucoup plus d'argent que prévu.

Il vous faudra également de nombreuses années pour construire votre marque, et il vous sera probablement très difficile de trouver des clients. J'y suis allé moi-même. En tant qu'entrepreneur « repartir de zéro », votre entreprise bénéficiera également de peu ou pas de soutien financier, alors que les franchises et les entreprises existantes sont des modèles commerciaux éprouvés, les banques et autres financiers étant plus disposés à prêter de l'argent en fonction des résultats financiers de chaque entreprise. à ce jour.

Quel que soit votre type de personnalité, vous aurez besoin des autres pour vous soutenir. Cela peut se faire directement par l'intermédiaire de vos amis et de votre famille qui vous aident physiquement, ou par d'autres entrepreneurs travaillant en partenariat avec vous. Il peut également s'agir d'un soutien indirect par lequel vous utilisez les systèmes, les marques et les modèles économiques déjà créés par quelqu'un d'autre pour vous soutenir.

Un exemple classique de soutien indirect est celui des plateformes de médias sociaux telles que Facebook ou LinkedIn, qui fournissent une plateforme vous permettant de promouvoir vous-même et votre entreprise auprès d'un public de masse.

Un autre exemple de support indirect est celui des logiciels de comptabilité ou de contrôle des stocks. Lorsque votre entreprise est prête à les utiliser, assurez-vous de les utiliser. Ils peuvent sembler chers, mais vous pouvez désormais payer mensuellement pour la plupart d'entre eux. Sans eux, votre entreprise ne se développera jamais suffisamment pour vous libérer de son cycle de demande de 18 heures par jour.

Identifiez vos clients cibles

D'accord, avant de vous laisser emporter et de commencer à courir avant de savoir marcher, nous devons commencer par le début.

Vous avez donc votre idée d'entreprise. Vous devez maintenant prouver le modèle économique. Si vous avez choisi d'acheter une entreprise ou d'acheter une franchise, alors quelqu'un a déjà fait cette partie pour vous.

Sinon, vous devez étudier le modèle pour vous assurer qu'il est rentable à petite échelle, de préférence avec un ou deux petits clients, avant d'y consacrer beaucoup d'argent pour le faire évoluer.

Comme pour beaucoup de choses, persistez. Beaucoup de gens s'attendent à réussir du jour au lendemain et abandonnent quand cela ne se produit pas. Je peux garantir que cela n'arrivera pas du jour au lendemain. Restez là, croyez que cela peut arriver, et vous finirez par trouver la bonne approche, et probablement le bon public aussi.

De même, pour l'achat d'une entreprise ou d'une franchise, vous devez toujours savoir qui est votre public cible. Voici quelques questions que vous devriez vous poser à cette étape du processus :

- Ciblez-vous une clientèle professionnelle (B2B) ou une clientèle grand public (B2C) ?

- À qui vos clients font-ils actuellement appel pour répondre à leurs besoins ?

- Que paient vos clients pour cela ?

- Est-il rentable pour vous de vendre 5 à 10 % en dessous de ces taux ?

- Si vous facturez 5 à 10 % de moins que vos concurrents, pouvez-vous vous permettre d'employer quelqu'un d'autre pour fournir ce service en votre nom tout en renforçant la rentabilité de votre entreprise ?

- Y a-t-il quelque chose que vous pouvez ajouter aux services/produits de vos concurrents qui pourraient les compléter, tout en vous donnant accès au marché en établissant un partenariat avec eux ?

- Vous avez donc choisi le prix comme différenciateur ? - Outre le prix, pourquoi le client se tournera-t-il vers vous – une activité qui n'a pas encore fait ses preuves ?

- Sinon, comment, outre le prix, pourriez-vous différencier votre offre commerciale de celle de vos concurrents ?

Je ne suis pas vraiment fan de la concurrence sur les prix, même si j'y suis allé à plusieurs reprises en tant qu'entreprise établie.

Plutôt que de partir de zéro et de rivaliser sur les prix, je pense qu'il est préférable d'essayer de travailler avec un acteur établi sur le marché, sinon s'il y a déjà deux acteurs sur le marché et que vous démarrez une troisième entreprise au service de ce marché, au mieux. vous n'obtiendrez qu'une participation de 30 % sur ce marché. En ajoutant quelque chose à un acteur existant, vous ne diluez pas davantage le marché et tout le monde y gagne.

Se différencier sur les prix peut conduire à un désastre commercial. Vous vous retrouverez dans une guerre des prix avec des concurrents qui ont des poches beaucoup plus profondes et finirez par tuer toute valeur dans votre secteur. Finalement, vous aurez des clients qui pensent pouvoir nommer leur prix parce que votre approche leur semble désespérée pour leur entreprise.

En tant qu'entreprise établie, il y a de nombreuses années, une partie de notre activité était impliquée dans la construction de nouvelles maisons, sur des sites comptant plus de 200 maisons sur chaque site.

Ces contrats ont permis de renforcer les capacités de l'entreprise, car chaque site garantissait que nous aurions besoin d'un certain nombre de personnes pour couvrir ce site, pendant une durée déterminée, qui était normalement d'au moins 12 mois.

Le problème était que nous ne gagnions pas vraiment d'argent sur ce type de contrats, car même si nous entretenions des relations à long terme avec les clients, il y avait toujours quelqu'un prêt à surenchérir et à travailler pour un prix inférieur, en échange de cela. période de travail garantie. Un cas extrême est celui de l'une des entreprises nationales de construction de maisons qui, au lieu de fixer nous-mêmes le prix du contrat, nous envoyait un prix qu'elle nous demandait ensuite de réduire davantage.

L'entrepreneur gagnant serait celui qui lui aurait accordé le rabais le plus important sur son prix suggéré.

Lorsque nous avons nous-mêmes fixé le prix du contrat, nous avons déterminé que le prix qu'ils nous avaient donné était en fait notre prix de revient brut (sans inclure les frais généraux ni les bénéfices). Cela signifiait qu'il n'y aurait aucun profit et que si le contrat rencontrait des problèmes ou un retard, ce coût supplémentaire viendrait de notre propre poche.

Mais cela ne s'est pas arrêté là : avec la garantie de travailler dans un nouvel emplacement particulier, nous aurions pu supporter ce risque. Le problème était que le client s'attendait à ce que nous réduisions davantage ce prix, ce qui signifiait que nous le payions essentiellement. Mais c'est là que le fait d'essayer de positionner votre entreprise comme étant le prix le plus bas finira par vous mener.

Ce client particulier était si important et était si confiant dans sa capacité à toujours opposer un fournisseur à un autre qu'il a fini par dicter le montant que chaque entrepreneur serait payé.

Imaginez si chaque fournisseur choisissait la stratégie du « prix le plus bas ». Le prix serait si bas que personne ne gagnerait d'argent et que tous les fournisseurs feraient faillite. Avec un service/produit non rentable, personne ne souhaiterait le fournir. Chaque fournisseur cesserait de former son personnel dans ce domaine de l'entreprise et, à long terme, il n'y aurait personne pour le faire.

Finalement, la boucle serait bouclée et il y aurait une énorme demande pour ce service/produit, mais personne pour le fournir. La valeur de ce produit ou service monterait en flèche.

Naïvement, vous pourriez penser : « D'accord, je serai là quand cela reviendra. Cela n'a aucun sens, car lorsque les gens ont besoin de quelque chose qui n'est pas disponible, ils trouvent d'autres alternatives. Avec l'émergence constante de nouvelles technologies, ces alternatives seront très probablement disponibles. être basé sur la technologie.

À titre d'exemple, imaginez si les voitures étaient si chères que personne ne les a jamais achetées ? Comment voyageriez-vous ? C'est facile. Soit vous marcheriez, soit vous feriez du vélo, ou peut-être que quelqu'un inventerait un autre système de transport, supprimant complètement le besoin de voitures. Ainsi, pendant que ces constructeurs automobiles attendent que la boucle soit bouclée, quelqu'un d'autre est arrivé et leur a enlevé leur marché.

Si vous achetez une entreprise, vous devrez examiner la clientèle existante, quel type de service se vend le mieux et à quel type de client. Ensuite, vous devrez vraiment approfondir les chiffres. J'explique beaucoup plus en détail comment procéder dans mon livre. « *Le cadre Momentum : développez votre entreprise et dominez le marché dans n'importe quelle économie* ».

Vous avez deux options ici :

1. Concentrez-vous sur la vente d'un plus grand nombre de lignes les plus populaires à des clients similaires (c'est-à-dire identifiez votre cible),

    OU

2. Concentrez-vous sur le produit ou le service qui ne se vend pas très bien et essayez de comprendre pourquoi. Si vous savez pourquoi, vous pouvez le modifier ou modifier votre approche. Au cours de ce processus de peaufinage, vous en apprendrez également davantage sur votre client cible idéal.

Je me concentrerais initialement sur les lignes populaires. S'il est demandé et qu'il est rentable, cela vaut la peine d'essayer de comprendre pourquoi il est demandé, puis d'étendre sa portée à des acheteurs cibles plus similaires.

Un exemple de ceci pourrait être une entreprise de restauration. Vendant des services de restauration à une clientèle diversifiée, sa clientèle était composée à 70 % d'écoles, 20 % d'EHPAD et 10 % de bureaux. En utilisant l'option 1, vous pourriez décider d'abandonner son approche des bureaux, choisissant plutôt d'utiliser cette ressource pour le secteur scolaire.

En supposant que le processus de vente soit le même pour chaque type de client, l'entreprise de restauration devrait être en mesure de remporter 7 fois plus de commandes qu'en s'approchant du plus petit segment de clientèle. Si vos ressources commerciales sont limitées, ce qui devrait être le cas car il s'agit essentiellement d'une surcharge pour l'entreprise, c'est la stratégie à suivre. Vous devez maximiser les résultats de chacun de vos canaux de vente.

En regardant l'option 2, nous examinerions les 2^{sd} plus grand marché (maisons de retraite) et approfondissez les raisons pour lesquelles il ne représente que 20 % des ventes.

En creusant plus profondément, vous comprendrez que les maisons de retraite n'utilisent votre entreprise qu'en renfort, car elles disposent déjà d'un personnel et d'installations de restauration en interne. Dans ce cas, vous pouvez désormais adapter votre approche à ce segment de clientèle et proposer aux EHPAD l'idée d'externaliser leur service de restauration, ce qui comprendrait des avantages tels que la réduction de la restauration sur place, la gestion des absences du personnel, ainsi que avec une multitude de problèmes liés à la conformité et à la formation continue du personnel.

Lorsque vous aurez repositionné cette partie de l'activité, d'autres marchés pourraient s'ouvrir à une prestation de restauration externalisée.

Si vous achetez une entreprise, mon conseil serait de vous concentrer dans un premier temps sur les marchés et les gammes de services les plus solides ; ce sont les gammes de services/produits qui assurent le fonctionnement de l'entreprise, donc en fin de compte, ils paient votre prêt commercial, votre personnel, votre hypothèque, vos véhicules, vos dépenses, etc.

Lorsque vous aurez fait cela, l'entreprise sera beaucoup plus forte et vous libérera pour regarder les autres marchés, c'est-à-dire commencer l'option 2.

Ce faisant, commencez par le segment de clientèle le plus important, puis descendez. De cette façon, vous continuerez à vous renforcer au fur et à mesure. C'est comme ajouter 10 % à 1 000 $, ou 10 % à 10 $. Que préféreriez-vous en échange de votre temps ? Plus un segment de marché est déjà performant, mieux vous pouvez y parvenir et moins vous risquez d'échouer en y parvenant.

Plutôt que de vous concentrer uniquement sur le chiffre d'affaires, abordez cet exercice dans une perspective de profit. C'est le profit qui fait fonctionner l'entreprise. La valeur des ventes ne fait que maintenir les gens au travail, et nous pouvons tous être des imbéciles très occupés. Ce n'est pas la partie intelligente des affaires. Vous constaterez probablement que 80 % de vos bénéfices proviennent de seulement 20 % de vos clients.

Alors que les 80 % les moins rentables maintiennent les gens dans leur emploi, à mesure que vous commencez à comprendre quels clients/services/gammes de produits constituent vos 20 % les plus rentables, vous disposerez de ressources supplémentaires à mettre en œuvre vers votre segment de clients les plus rentables. à mesure que vous développez cela davantage. En faisant cela, cela signifie que nous n'abandonnons pas simplement les 80 % de segments de clientèle les moins rentables.

Si les segments de clientèle les moins rentables étaient abandonnés du jour au lendemain, vous nuiriez gravement à votre entreprise et nuiriez aux relations que l'entreprise a pu construire sur une longue période. Vous encourriez également des coûts importants liés au licenciement du personnel, il est donc toujours préférable d'éviter cela. Il pourrait être possible d'ajouter quelque chose aux lignes existantes de ces clients qui doublerait assez facilement la rentabilité de ce segment.

Il n'y a pas de secret ici. Chaque entreprise sera différente, mais l'important est de vraiment comprendre ces clients et où se situent les ventes/bénéfices dans l'entreprise. Lorsque vous disposez de ces informations, vous pouvez prendre une décision éclairée pour aller de l'avant.

Dans le cas d'une entreprise basée sur la localisation, prenons comme exemple une entreprise hôtelière. La plupart des entreprises hôtelières sont composées de différents segments de clientèle, notamment :

- Entreprises/Entrepreneurs

- Réservations de groupes/agents de voyages
- Privé – dans un rayon de 100 miles
- Privé – Même pays, rayon de plus de 100 milles
- Privé – International

Si vous catégorisez et analysez vos segments de clientèle de cette manière, vous constaterez peut-être que les groupes de voyages sont les moins rentables, mais maintiennent l'activité en activité pendant la basse saison. De même, vous constaterez peut-être que les clients voyageant de l'étranger vous coûtent 30 % de votre budget marketing, mais ne vous rapportent que 5 % de vos ventes/bénéfices. La réponse évidente est soit d'abandonner le marché international, soit de rechercher un agent commercial capable de réduire vos coûts de marketing sur ce segment, tout en continuant à vous assurer les réservations.

Si vous achetez une franchise, l'approche service aura déjà fait ses preuves. Il existe des règles concernant la manière dont vous exploitez une franchise et la manière dont vous abordez un marché/une offre de service particulière. Il est peu probable que vous puissiez changer cela, même si je dois me demander pourquoi vous voudriez changer un modèle de réussite éprouvé. Après tout, c'est essentiellement ce pour quoi vous payez.

Un franchiseur qui réussit ne vous laissera certainement pas changer du tout votre approche du service. C'est pourquoi vous achetez une franchise. Les méthodes sont testées et des systèmes sont en place pour vous aider à suivre le processus aussi rapidement et efficacement que possible. Avec cette option, assurez-vous de bénéficier d'une formation incluse dans les frais initiaux ou initiaux.

Juste pour vous donner une compréhension plus claire de la structure tarifaire d'une entreprise de franchise, elle sera généralement composée comme suit :

- Frais initiaux – Payez des frais initiaux pour commencer.

- Frais de gestion courants : ils couvrent tous les types de services dépendant du franchiseur, mais peuvent inclure votre informatique, votre support back-office, votre service d'assistance, etc. Il peut s'agir de frais fixes ou d'un pourcentage de votre chiffre d'affaires.

- Frais de marketing – Ces frais seront normalement destinés à la notoriété de la marque à l'échelle nationale ou régionale, comme la publicité dans les magazines spécialisés, la publicité télévisée ou l'approche de clients nationaux. Certaines entreprises franchisées vous supprimeront complètement le processus de vente, et les frais de marketing servent également à couvrir le coût de celui-ci. N'oubliez pas que sans marketing/ventes, votre entreprise n'existera pas. Puisque quelqu'un doit le faire, pourquoi ne pas laisser les experts le faire ?

- Frais de redevance – Il s'agit de petits frais permanents, normalement basés sur un pourcentage de votre chiffre d'affaires, mais c'est en réalité là que vous payez pour les droits d'utilisation de la marque et des systèmes du franchiseur. C'est généralement là que le franchiseur récupère son investissement initial dans la construction du modèle de franchise. Les autres frais n'incluent normalement pas d'élément « profit » pour le franchiseur, celui-ci fait donc partie de l'élément profit du franchiseur. Ne vous plaignez pas de cela ; ils vous ont fourni une plate-forme pour réussir, maintenant ils doivent être payés pour cela. Sans profit, le franchiseur n'aurait aucune raison de construire un modèle, et la plupart des franchiseurs investiront plusieurs millions dans la mise en place du modèle commercial. Une structure de soutien pour que votre entreprise continue de fonctionner en coulisses.

Comment allez-vous atteindre votre objectif ?

D'accord, alors comment allez-vous atteindre vos clients cibles et pourquoi achèteront-ils chez vous ?

Quelle que soit l'approche que vous avez choisie, qu'il s'agisse d'une franchise, de l'achat d'une entreprise ou de repartir de zéro, à mon avis, c'est probablement la chose la plus difficile à mettre en œuvre.

Vous avez besoin de quelques éléments combinés pour y parvenir :

1) Expérience prouvée

2) Une relation de confiance avec votre prospect

3) Notoriété de marque/entreprise

4) Proposition de valeur

5) Influence

Nous examinerons chaque domaine plus en détail ci-dessous afin de vous aider à comprendre le processus d'achat du point de vue de votre client cible. Gardez à l'esprit que cela s'adresse davantage aux clients professionnels et que les acheteurs particuliers peuvent ne pas être aussi stricts dans certains domaines, mais peuvent être plus sceptiques à l'égard de votre entreprise. Pensez-y comme lorsque vous recevez un spam d'un « gourou des ventes ». Que pensez-vous lorsque vous voyez ceci : « Oh, c'est juste un autre spammeur ? »

Expérience prouvée.

Les gens voudront savoir que vous pouvez tenir vos promesses sans problème. Ils auront besoin de savoir que vous l'avez déjà fait. Vous pouvez le faire de plusieurs manières.

- Témoignages
- Études de cas
- Références du contrat
- Recommandations
- Tirer parti de votre expérience professionnelle antérieure, de préférence avec des contacts que vous connaissez déjà grâce à votre emploi rémunéré.
- Accréditations techniques et adhésions

Une relation de confiance avec votre prospect

À moins que vous ne vendiez quelque chose en ligne, il y aura presque toujours un élément de confiance directe qui devra être présent avant qu'un prospect n'achète chez vous.

Même avec une entreprise en ligne, un prospect voudra toujours en savoir plus sur l'entreprise, s'assurer qu'il s'agit d'une entreprise enregistrée et qu'elle dispose de tous les certificats de confiance nécessaires et des certificats de « paiement sécurisé » en place. Si vous pouvez trouver une plate-forme en ligne pertinente pour votre entreprise, telle qu'eBay ou Amazon, pour les ventes en ligne, cela contribuera grandement à réaliser des ventes dans le monde en ligne, car vous utilisez essentiellement un facteur de confiance qui a été construit par ces marques mondiales. C'est ce qu'on appelle la « confiance empruntée ».

Au début, il est préférable de se concentrer sur les personnes que vous connaissez, ou peut-être sur les personnes que vous avez rencontrées au cours de votre carrière jusqu'à présent. Vous auriez dû établir une sorte de confiance avec ces personnes grâce à votre association de travail ensemble auparavant, même indirectement. Les gens ont une mémoire courte, vous devrez donc peut-être leur rappeler la dernière fois que vous avez eu affaire à eux ou à leur équipe.

Entretenez la relation, devenez leur conseiller, rendez-leur service, aidez-les à réussir. Lorsque vous avez livré votre produit/service à ces clients, demandez-leur de vous fournir un examen honnête de votre offre commerciale. En obtenant ce feedback, vous identifierez les points faibles sur lesquels s'appuyer, vous verrez les choses du point de vue du client, vous continuerez à construire une relation bienveillante avec votre client et, si le feedback est bon, vous pourrez l'utiliser. pour promouvoir votre entreprise auprès d'autres clients cibles.

Notoriété de la marque/entreprise

C'est aussi une question de confiance, mais la marque, c'est vraiment l'expérience que les gens peuvent partager : « J'ai utilisé Bizco la semaine dernière, ils étaient vraiment bon marché » ou « J'ai emmené mon pressing chez Bizco. Ils l'ont nettoyé, pressé et me l'ont rendu dans les 2 heures ». Votre marque sera ce que les gens disent de vous. Voulez-vous être connu comme « le moins cher », « le plus rapide » ou peut-être « le plus fiable » ? Quoi qu'il en soit, tenez compte de cela dans votre approche.

Si vous proposez votre produit ou service « le moins cher », mais que vous postulez ensuite pour un travail dans un secteur de haute technologie, coûteux et axé sur la qualité, vos clients potentiels pourraient automatiquement vous considérer comme un pis-aller par rapport à vos concurrents « axés sur la qualité ». Votre marque sera basée sur ce que veulent vos clients cibles idéaux, alors construisez-la autour d'eux. Si vous essayez de faire « le moins cher » et « de haute qualité », le message de votre marque deviendra confus et vous perdrez les deux types de clients.

À titre d'exemple, les gens achètent des voitures Mercedes Benz parce qu'ils recherchent de la qualité et du raffinement. Ils n'ont pas besoin d'acheter la voiture pour savoir quelle expérience ils vivront ; ils le savent parce que le message de la marque le leur a dit. Le message de la marque a déjà fait l'essentiel du travail de vente avant que le client n'entre dans le showroom automobile. D'un autre côté, s'ils souhaitent une motorisation A à B bon marché et sans fioritures, de nombreux constructeurs se concentrent sur ce segment du marché. Certains d'entre eux ont commencé à se repositionner en tant que « qualité abordable ».

Personnellement, je pense que leur message devient un peu confus.

L'autre côté de cette section consiste à réfléchir à la manière dont vous allez atteindre votre public cible et lui faire connaître votre entreprise et le message de votre marque. Vous pouvez avoir un message de marque brillant et imbattable, mais il ne vaut rien sans un canal de communication destiné à votre public cible.

À moins que vous n'ayez les poches très profondes, il faudra beaucoup de temps et beaucoup de travail acharné pour devenir une priorité auprès de votre public acheteur. « Avant-esprit » est l'endroit où votre cible pensera en premier à votre entreprise lorsqu'elle souhaite votre type de produit ou de services. À titre d'exemple concret, si vous souhaitez un site d'enchères en ligne, à quoi pensez-vous en premier ? La plupart d'entre nous pensent à eBay. Et une librairie en ligne ? Amazone.

Et la restauration rapide ? McDonald's et KFC. Il n'est pas nécessaire d'être une grande entreprise mondiale pour être présent à l'esprit. Offrez simplement à votre client cible une expérience difficile à oublier (espérons-le dans le bon sens). À titre d'exemple, repensons à l'exemple de Bizco, l'entreprise locale de nettoyage à sec.

Mon conseil pour réussir est de me concentrer sur un seul segment de clientèle. Par exemple, si vous savez que votre cible est n'importe quelle entreprise, n'importe où dans le monde, vous aurez besoin d'un budget marketing extrêmement important. Rien qu'au Royaume-Uni, il existe 6 millions d'entreprises, dont environ 98 % sont des petites entreprises (moins de 50 salariés). Affinez votre public cible. La première étape consiste à cibler votre situation géographique, de préférence une seule ville. Si vous ne couvrez qu'une seule ville, divisez-la en quartiers. La prochaine étape consiste à le ventiler davantage par catégorie industrielle.

Optez pour la catégorie industrielle ou le segment de clientèle dans lequel vous avez déjà le plus d'expérience et de reconnaissance, et de préférence, celui qui est le plus rentable. N'oubliez pas que vous devrez montrer à ces clients votre expérience antérieure, de sorte qu'une certaine expérience du secteur ou du segment de clientèle contribuera grandement à établir la confiance avec eux. Un segment de clientèle dans le secteur B2C pourrait être celui des plus de cinquante ans ou peut-être des jeunes ayant quitté l'école.

Si vous pouviez le limiter à l'endroit où se trouvent déjà vos clients existants, ce serait l'idéal. Considérons que votre cible est constituée de sociétés pharmaceutiques qui travaillent toutes dans un parc d'activités ou une zone particulière de votre ville. En vous concentrant sur ce segment, vous pouvez utiliser votre temps beaucoup plus efficacement car vous n'avez pas besoin de vous déplacer à travers la ville entre les visites sur les sites de vos clients. L'évolution en cours consisterait simplement à copier l'approche dans les zones ou parcs d'activités voisins.

Ensuite, si vous savez qui est le plus susceptible d'acheter votre produit/service par tranche d'âge, sexe ou poste (ou tous), vous pouvez le cibler très spécifiquement sur ces personnes exactes. Plutôt qu'un public cible d'un milliard de personnes, vous l'avez réduit à seulement 30. Cela ne semble pas beaucoup, mais ces 30 personnes représentent le nombre total d'acheteurs dans le secteur que vous avez choisi. Ce sont eux qui comptent, car ce sont eux qui achèteront vos offres et détermineront en fin de compte si vous deviendrez un acteur majeur dans ce secteur.

Je ne vais pas entrer dans les détails du nom de votre entreprise ni de la conception de votre logo. Il existe des designers professionnels qui peuvent créer votre logo pour vous à moindre coût. Lorsque vous réfléchissez à votre nom, celui-ci doit être basé sur ce que vous proposez. Quelles sont les valeurs de votre marque et comment vos clients penseront-ils de votre entreprise ? Examinez les entreprises concurrentes pour comprendre ce que leur nom de marque dit d'elles.

Il est également important à ce stade de comprendre quelles couleurs utiliser. De nombreux experts en design vous diront que certaines couleurs peuvent signifier certaines choses pour un client.

Par exemple, la couleur verte peut être liée à des produits ou services liés à l'environnement. Le rouge et le bleu conviennent mieux aux différents types d'entreprises de services. Un designer peut vous aider à vous orienter dans la bonne direction, mais en regardant vos concurrents, vous verrez ce qu'ils font déjà et, espérons-le, aurez également une idée de pourquoi ils le font également. Lors de la conception de votre logo, assurez-vous qu'il représente vos principes en tant qu'entreprise.

Proposition de valeur

En termes simples, la proposition de valeur est ce que vous proposez au client et la raison pour laquelle il choisirait de l'acheter. C'est la solution au problème de quelqu'un. La proposition de valeur ne se résume presque jamais uniquement au prix si vous n'avez jamais fourni de nouveau prospect.

Si c'est uniquement une question de prix, il y a de fortes chances que vous fournissiez votre produit/service gratuitement, juste pour mettre un pied dans la porte.

Mon conseil serait de toujours chercher autre chose. Enchérissant sur le prix le moins cher, c'est une bonne stratégie pour renforcer les capacités de votre entreprise, mais vous finirez par rencontrer un rival aux poches plus profondes. Si votre seul différenciateur est le prix, votre entreprise mourra.

Le prix le moins cher entraîne également une marge bénéficiaire extrêmement faible, ce qui entraîne des problèmes de trésorerie. À moins que vous ne souhaitiez continuer à réinvestir votre salaire mensuel dans l'entreprise, il est probable que votre entreprise ne survivra pas très longtemps.

L'option la plus simple consiste généralement à se baser uniquement sur le prix, mais un mot d'avertissement : vos concurrents ont déjà des relations, ils sont également beaucoup plus gros que vous et ils ont des poches plus profondes.

S'ils n'aiment pas votre stratégie, il leur sera très facile de simplement réduire leurs offres, perdant ainsi de l'argent sur ce contrat juste pour vous forcer à mettre la clé sous la porte. S'ils ont de nombreux contrats, ils peuvent fortement réduire une offre, mais compenser la perte sur un contrat plus rentable ailleurs. Vous n'avez pas cette flexibilité en tant que startup. Les autres options comme différenciateurs dépendent du business, du secteur, de vos cibles etc.

Les plus évidents pourraient être :

- Qualité – seulement le meilleur
- Image - Pensez Rolex, Gucci et Brioni
- Le plus rapide
- Fiabilité
- Assistance – Êtes-vous disponible le jour du Nouvel An lorsque vos rivaux sont tous en fête ?

En fin de compte, plus le secteur que vous choisissez est grand, plus il y aura d'acteurs.

Cela signifie qu'il vous sera plus difficile de rendre votre entreprise différente. En tant que personne ayant été en concurrence dans des secteurs comptant plus de 100 000 entreprises similaires offrant toutes le même type de service, mon conseil est de regarder les 20 meilleures entreprises de votre secteur. Il s'agit très probablement d'acteurs mondiaux.

Découvrez ce que font ces entreprises et voyez si vous pouvez trouver quelque chose que vos concurrents locaux ne font pas. Voyez s'il y a quelque chose que vous pouvez améliorer, mais utilisez-le généralement comme un tremplin. Les 20 premiers sont généralement là pour une raison, et il faut plus que de l'argent pour y arriver.

Influence

La meilleure façon d'entrer en contact avec un prospect est de demander à quelqu'un d'autre de faire la moitié du travail à votre place. Avoir quelqu'un à vos côtés, à l'intérieur, facilite grandement l'obtention d'un nouveau travail. Nous ne parlons pas ici de corruption ; c'est illégal et je ne le conseillerais jamais.

Tout ce que je vous dis dans ce livre est basé sur une bonne éthique, donc vous dire de faire quelque chose d'illégal serait une erreur de ma part, à la fois moralement et éthiquement, et cela nuirait également à ma réputation dans le monde des affaires.

La seule façon d'avoir un initié est de commencer par offrir une bonne expérience à votre client. Regardons un exemple. Disons que votre entreprise propose des produits de nettoyage respectueux de l'environnement. Votre acheteur sera probablement un gestionnaire d'installations, un responsable du nettoyage ou peut-être même un acheteur professionnel si votre client est suffisamment important. Dans ce cas, vous souhaiterez peut-être vous adresser à la personne responsable de la gestion environnementale.

Il est de la responsabilité de ces personnes d'améliorer les pratiques environnementales de l'entreprise, donc si votre service ou produit peut les aider à y parvenir, quelqu'un se battra pour vous.

Dans les entreprises cibles plus petites, ou dans le cadre de transactions B2C (Business to Consumer), cela équivaudrait à demander à un ancien client de vous recommander à ses amis. Examinez en profondeur votre offre pour comprendre qui pourrait bénéficier indirectement de l'offre de votre entreprise.

Les finances

Bon, passons maintenant à la partie quelque peu ennuyeuse mais nécessaire pour que les choses se passent bien et que vous restiez du bon côté du système de justice juridique.

Jusqu'à présent;

- Vous avez identifié vos points forts
- Vous avez identifié vos clients cibles
- Vous avez planifié comment atteindre vos clients cibles
- Idéalement, vous avez répertorié quelques noms de contacts cibles et, espérons-le,

vous avez également parlé avec eux pour obtenir des commentaires.

Ensuite, concernant votre idée d'entreprise initiale, vous souhaiterez peut-être faire une projection rapide des flux de trésorerie pour voir de combien d'argent vous aurez besoin maintenant et à quels moments dans le futur. Comme vous n'avez encore rien fait, il sera très difficile de générer des chiffres précis pour le moment, il ne s'agit donc que d'une estimation pleine d'espoir. En y réfléchissant, vous comprendrez l'importance de réaliser des bénéfices le plus rapidement possible, tout en gardant toujours le profit à l'esprit dans tout ce que vous faites.

Il y a de fortes chances que vous obteniez environ 5 % des clients que vous espérez obtenir et que vos dépenses soient au moins deux fois supérieures à celles que vous estimez. Le plus important désormais est de faire les choses au moindre coût possible. Ce n'est pas parce que vous avez de l'argent en banque que vous devez payer une femme de ménage pour nettoyer votre chambre/bureau libre à votre place.

Je connais de nombreux propriétaires de start-up qui ont dépensé la moitié de leurs économies pour une nouvelle voiture, simplement parce qu'ils pensent que c'est ce que les gens dans leur situation sont censés faire. Ils ne pourraient pas avoir plus tort.

Les points clés pour établir une projection de flux de trésorerie sont d'utiliser un format de calendrier, sur une base hebdomadaire ou mensuelle, et de tracer les éléments suivants pour chaque mois, au fur et à mesure que vous les recevrez ou au fur et à mesure que vous les paierez. . Cela vous indique si vous manquez de fonds au cours d'un mois donné.

Une projection des flux de trésorerie comprendra :

- Ventes dans l'entreprise
- Tout autre revenu de l'entreprise
- Tous les coûts pour l'entreprise
- Le timing de chaque entrée et sortie

Décomposez vos coûts en frais juridiques, frais de financement, frais de personnel, frais de marketing, frais d'inventaire, frais de services publics, frais immobiliers et dépenses que vous pourriez engager dans le cadre de vos activités pour ce mois particulier. Lorsque vous disposez de ces chiffres, ajoutez à vos coûts une réserve de 20 % qui inclura les éléments imprévus. Il est également conseillé de réduire vos attentes en matière de ventes de 20 %, ce qui devrait vous laisser un peu de répit si les ventes ne se réalisent pas à temps ou si vous subissez des retards de paiement de la part de vos clients.

Choisissez une structure juridique

Selon l'endroit où vous vous trouvez dans le monde, vous aurez des noms différents pour désigner les différentes structures juridiques disponibles pour créer votre entreprise. La plupart des pays développés partagent une structure similaire. Ceux-ci sont les suivants :

1) Propriétaire unique

2) Partenariat

3) Limité par des actions

4) Limité par la garantie

5) Entreprise sociale ou caritative

Propriétaire unique

Il s'agit du cadre juridique le plus élémentaire. En fonction de vos lois fiscales, c'est probablement le système le plus efficace sur le plan fiscal, dans la limite de ce qu'une personne seule pourrait gagner avec un bon salaire chaque année. Cependant, il offre très peu de protection juridique.

Si votre entreprise fait faillite, cela signifie essentiellement que vous faites également faillite personnellement, à moins que vous ne disposiez d'épargnes personnelles pouvant couvrir toute responsabilité liée à l'entreprise. Si quelqu'un intente une action en justice contre votre entreprise, c'est en fin de compte votre vie personnelle (y compris votre conjoint) qui en subira les conséquences.

Partenariat

À mon avis, le partenariat est la pire configuration juridique. Dans cette structure, cela revient fondamentalement à regrouper plusieurs propriétaires individuels, mais en supprimant leurs droits individuels.

En tant qu'associé, vous êtes solidairement responsable de tout ce que font vos collègues associés dans l'entreprise, mais vous n'avez aucun contrôle légal sur ces autres associés. De même, ils n'ont aucun contrôle sur vos actions. Chacun est confronté aux conséquences des actions entreprises par chaque partenaire de l'entreprise.

Contrairement à l'entrepreneur individuel, vous avez une efficacité fiscale réduite, car vous acceptez tous la structure de paiement. Cela signifie que, contrairement à un entrepreneur individuel, vous ne pouvez pas maximiser vos abattements fiscaux en raison de la décision de quelqu'un d'autre. En cas de faillite ou de poursuites judiciaires, chaque associé sera tenu personnellement et financièrement responsable.

Limité par des actions

À mon avis, c'est la meilleure option en matière de protection juridique et, lorsque l'entreprise est suffisamment grande, elle peut être bien meilleure en termes d'efficacité fiscale.

Les coûts de mise en place sont plus élevés que pour les autres types de configurations juridiques et les rapports auditifs sont stricts. Si vous ne produisez pas vos déclarations à temps, vous serez passible d'une lourde amende et des retards répétés peuvent entraîner la fermeture de l'entreprise par les tribunaux. Dans des cas extrêmes, cela peut conduire à une peine de prison pour les dirigeants de l'entreprise.

Cette option est beaucoup plus transparente pour le monde extérieur, ce qui peut être considéré à la fois comme une bonne ou une mauvaise chose. Cependant, à long terme, il est également beaucoup plus facile d'attirer des investisseurs, ainsi que de vendre votre entreprise plus tard. Cela peut également paraître plus professionnel aux yeux du monde extérieur.

Si l'entreprise fait faillite, vous ne perdrez que ce que vous avez investi. Dans certains pays, si vous avez agi de manière négligente ou illégale, vous, ainsi que tout autre administrateur, serez tenus personnellement responsables de vos actes.

Dans certains cas, en tant qu'actionnaire, vous pouvez également être tenu de fournir une garantie personnelle pour les dettes, ce qui est normalement demandé par les investisseurs, les banques et autres bailleurs de fonds de l'entreprise.

Limité par la garantie

Dans la plupart des pays, cette structure n'est pas disponible pour la plupart des types d'entreprises normaux. Semblable à la structure limitée par actions, votre responsabilité est limitée uniquement à la garantie que vous placez. Elle n'a pas d'actionnaires.

Nous ne nous attarderons pas sur ce type, car il est beaucoup plus complexe dans sa mise en place et peu accessible au grand public.

Entreprise sociale ou caritative

À moins que vous ayez l'intention de faire quelque chose pour changer votre communauté, ou peut-être de soutenir une cause caritative dans une perspective de modèle économique, ce modèle n'est probablement pas fait pour vous.

Une entreprise sociale est gérée par une équipe de direction et supervisée par des administrateurs. Une entreprise sociale ne fait aucun profit ; il est géré au profit de ses membres ou pour la cause qu'il soutient.

Voici un exemple de ce type de structure juridique : il existait une entreprise sociale créée par le gouvernement local pour fournir des bureaux d'incubateur aux nouvelles entreprises en démarrage dans les zones rurales. Les startups ont loué des bureaux à des tarifs réduits et ont bénéficié d'un soutien administratif back-office (impression et copie, réponse aux appels, etc.) fourni par l'entreprise sociale.

Tous les bénéfices de l'entreprise sociale ont été réinjectés dans l'entreprise et utilisés pour développer davantage l'entreprise dans les zones voisines et atteindre d'autres entrepreneurs. Ils ont également fourni un soutien supplémentaire tel qu'une formation de démarrage et un soutien juridique.

Mise en place de l'entreprise

Immatriculer l'entreprise à l'impôt

La prochaine étape consiste à vous inscrire auprès du bureau des impôts de votre gouvernement en tant qu'entreprise. Votre type d'entreprise (entreprise individuelle, société de personnes, société à responsabilité limitée, etc.) déterminera ce à quoi vous devez vous inscrire. Pour les entreprises individuelles et les sociétés de personnes, vous vous inscrirez simplement à l'impôt sur le revenu et peut-être à la TVA (taxe de vente) ou à la taxe à l'exportation.

Avec l'option limitée par actions, vous vous inscrirez à l'impôt sur les sociétés, ainsi qu'à la taxe de vente et à la taxe à l'exportation. Il peut y avoir des taxes supplémentaires auxquelles vous pouvez vous inscrire en fonction de la structure de soutien aux entreprises de votre gouvernement, mais vous les verrez lors de votre inscription.

Vous pouvez faire appel à un agent d'enregistrement pour enregistrer votre entreprise ou le faire vous-même. Cela ne prend pas longtemps pour le faire vous-même, probablement moins d'une heure, mais cela permet d'économiser de l'argent qui pourrait s'avérer utile par la suite. Si vous essayez de le faire vous-même, mais que vous trouvez cela trop difficile, vous pouvez trouver un agent d'enregistrement pour le faire à votre place.

Pour trouver votre bureau gouvernemental des impôts, vous pouvez utiliser Google ou tout autre moteur de recherche en ligne et rechercher <inland revenue> + <votre pays>. Au Royaume-Uni, l'Inland Revenue est le HMRC et aux États-Unis, l'IRS.

Énumérer chaque pays serait exhaustif, mais j'aimerais penser qu'avec les informations contenues dans cette section, il ne sera pas trop difficile de trouver les détails dont vous avez besoin pour votre propre pays.

Licences ou accréditations commerciales

En fonction des services/produits de votre entreprise, vous devrez peut-être vous inscrire pour obtenir une licence commerciale ou des accréditations particulières. Cela s'applique aux licences de crédit à la consommation, à certaines accréditations de services techniques, aux services médicaux ou de soins de santé et à tout ce qui concerne le secteur des services financiers. Découvrez si votre industrie est réglementée ou contrôlée par un organisme professionnel si vous ne le savez pas déjà.

Sans ces licences ou accréditations, vous enfreindrez la loi et, quelle que soit votre structure juridique, vous finirez en prison et/ou devrez payer une lourde amende.

Il est également important de comprendre que vous devrez vous inscrire pour obtenir des licences dans chaque État, région ou pays dans lequel vous souhaitez faire des affaires, à moins qu'il ne soit possible d'exporter votre produit ou service vers cet endroit. Si vous choisissez d'exporter, il est important de réaliser que votre produit/service livré doit toujours répondre aux critères locaux en matière de normes, de sécurité et de qualité. Travailler avec un bon agent d'exportation peut vous aider à réussir ce processus.

compte bancaire

Obtenez un compte bancaire professionnel distinct. Il est très important de séparer vos finances professionnelles et personnelles. Il peut être tentant de penser : « C'est mon argent, alors je vais le dépenser pour ces nouvelles chaussures », mais en réalité, ce n'est plus votre argent. Lorsque vous l'utilisez à des fins professionnelles, il devient une partie des actifs et du bilan de l'entreprise. Par conséquent, le supprimer pour un usage personnel vous entraînera non seulement à une augmentation des impôts personnels, mais potentiellement également à des poursuites pénales.

Conformité

Ensuite, vous devrez vous conformer à la législation locale de votre gouvernement. Nous pouvons supposer que vous n'êtes pas prêt à héberger des locaux commerciaux et nous couvrirons les zones de base pour la plupart des entreprises. Lorsque vous incluez les locaux dans cette combinaison, vous devrez prendre en compte plus de 300 textes législatifs supplémentaires relatifs à la propriété. J'aborderai ce domaine plus tard dans un livre beaucoup plus spécialisé.

Pour l'instant, nous allons nous concentrer sur les principaux domaines :

1. Assurance
- Assurance responsabilité civile
- Inventaire / Assurance stock
- Assurance des plantes
- Assurance des bâtiments
- Assurance indemnisation
- Assurance automobile
- Assurance-vie
- Assurance d'accident
- Assurance soins de santé

Pour un très petit coût chaque mois, vous serez couvert pour toutes les éventualités. Sans cela, vous pourriez passer le reste de votre vie dans une cellule de prison si les choses tournent mal.

2. Santé, sécurité et bien-être
- Document de politique et de procédures en matière de santé et de sécurité
- Évaluations des risques
- Des instructions de procédé
- Évaluations de la manutention manuelle
- Disposez-vous d'installations sociales adaptées ? (WC, cuisine, détente, lessive, etc.)

Un bon consultant en santé et sécurité peut vous aider à vous y mettre en place.

3. Emploi

Il y a de fortes chances que vous ne soyez pas prêt à embaucher des employés pour le moment, mais si vous avez acheté une entreprise, elle aura probablement déjà des employés. Embauchez un consultant en ressources humaines pour vous assurer que tout est en place et que tout est irréprochable et légal.

Le droit du travail est un sujet très complexe et délicat, et la loi peut être différente d'un État, d'une région ou d'un pays à l'autre, avec souvent des contradictions entre chacun, je ne vais donc pas tenter de les expliquer ici. Je dirais cependant que, dans le cadre de votre parcours professionnel, et si vous envisagez d'embaucher des employés, assurez-vous de bien comprendre le droit du travail dans votre propre zone géographique ou partout où vous envisagez d'employer des employés dans votre entreprise. Ces connaissances devraient inclure des sujets tels que le recrutement, la discrimination et la discipline.

Faites appel à un consultant pour former votre personnel de direction dans ces domaines à mesure que vous développez votre entreprise.

Nous avons terminé la partie ennuyeuse. Si vous êtes encore éveillé, passons à la question de gagner de l'argent pour votre entreprise.

Service de livraison

Jusqu'à présent:

- Vous avez identifié vos points forts
- Vous avez identifié vos clients cibles
- Vous avez planifié votre approche
- Vous avez créé votre entreprise en tant que personne morale

Il est maintenant temps de lancer ce processus commercial.

L'objectif de cette section est de vous permettre de vendre et de livrer votre produit/service en quantités relativement petites.

Pour l'exemple de processus suivant, nous supposerons que votre entreprise est une entreprise de services traditionnelle dans laquelle vous fournirez un service mobile.

Les étapes pour servir votre client :

1. Trouver un client motivé
2. Faire la vente
3. Signer le contrat
4. Livrer le produit ou le service
5. Facture du produit ou du service

Avant d'entrer dans le vif du sujet, je dirai une chose. Ne créez pas votre entreprise, ne payez pas pour le marketing, ne payez pas pour des logos, des sites Web, des cartes de visite, etc., jusqu'à ce que vous ayez un client prêt à vous payer de l'argent pour ce que vous proposez.

Tant de gens imaginent des solutions à un problème qui n'existe pas, puis dépensent des milliers de dollars pour créer des sites Web et toutes sortes d'autres conneries, sans jamais avoir de client. Ce n'est que lorsqu'ils discutent avec des clients potentiels qu'ils découvrent que le problème n'a jamais réellement existé.

Trouver un client motivé

C'est vraiment l'étape où vous prouvez qu'il existe un marché pour ce que vous proposez. Nous devons d'abord identifier à nouveau ces clients cibles. Nous commencerons par vos contacts passés, toutes les personnes avec lesquelles vous avez été en contact qui correspondent au type d'acheteur qui, selon vous, serait intéressé par votre produit ou service, ET qui peut se le permettre. C'est le moyen le plus simple et le plus efficace.

Tout d'abord, nous souhaitons renouer avec eux, dans le but de reconstruire cette ancienne relation avec eux. Nous ne devenons pas amis avec les gens en nous lançant dans des ventes difficiles dès le premier jour.

Rendez-vous sur leur lieu de travail et parlez-leur. Ne leur vendez pas. Parlez-leur de vos projets. Dites-leur que vous envisagez de créer une entreprise pour fournir un produit ou un service XYZ. Obtenez leurs commentaires. Faites-les participer, mais plus important encore, découvrez leurs problèmes actuels, car cela pourrait bien vous donner une meilleure opportunité de travailler avec eux.

S'ils semblent intéressés par ce dont vous parlez, cela vaut la peine de leur demander à ce stade, avant d'aller plus loin, « si je décide de démarrer cette entreprise, est-ce quelque chose qui vous intéresserait à acheter » et s'ils disent oui, demandez une sorte d'engagement. Obtenir une commande signée à ce stade vous donnera la validation de ce que vous proposez.

Continuez à parcourir vos cibles identifiées jusqu'à ce que vous trouviez quelqu'un qui vous invite à enchérir. À ce stade, ils vont probablement tester vos performances et voir où se situent vos prix par rapport à leurs autres fournisseurs, alors ne soyez pas trop déçu si l'avance ne mène nulle part.

Restez simplement professionnel, suivez l'appel d'offres et obtenez des commentaires si possible. Plus vous obtiendrez de retours à ce stade, mieux vous pourrez vous positionner dans les futures offres.

Pensez à l'endroit où votre public cible pourrait vous voir. Par exemple, disons que j'essayais de toucher des personnes possédant des chevaux. Ces personnes doivent acheter ou travailler avec un certain nombre de personnes pour prendre soin de leur cheval. J'imagine qu'ils achètent probablement auprès d'un revendeur de produits alimentaires, ainsi que d'autres fournisseurs de type écurie, pour des choses comme du matériel de toilettage, de la nourriture, du foin, etc.

Imaginons donc qu'ils se rendent tous chez ces revendeurs une fois par mois pour acheter des fournitures. Un moyen d'atteindre ce client cible pourrait être pour moi de former un partenariat avec le revendeur, grâce auquel je pourrais faire la publicité de mon produit ou service aux côtés de son entreprise. Peut-être que si c'est pertinent, je pourrais faire quelque chose de similaire avec le vétérinaire local, en matière de soins de santé.

J'imagine que ce type de client lit également régulièrement des articles de magazines sur les chevaux, les événements équestres et les soins généraux des animaux, donc potentiellement écrire un article sur votre produit et le présenter dans le magazine pourrait attirer des clients potentiels. Ensuite, je pourrais examiner les événements équestres organisés dans la zone que je peux desservir.

Avec des événements comme le saut d'obstacles, cela amènera probablement un grand nombre de clients cibles et les regroupera tous dans un espace très compact. Si j'expose ou positionne donc mon produit ou service, peut-être sous forme d'essai gratuit sur place, je peux alors potentiellement y gagner des clients à long terme. L'autre avantage de cette voie est que, parce que vous leur parlez face à face, cela crée un lien plus profond avec eux et, en démontrant votre produit, vous gagnez leur confiance.

Une autre voie consiste à envisager n'importe quelle association professionnelle ou annuaire. Souvent, lorsqu'un acheteur recherche un type particulier de produit ou de service, mais n'a pas encore de fournisseur en tête, il se tourne vers l'association professionnelle pour ce type de produit ou de service, pour voir s'il existe des entreprises répertoriées avec eux. Encore une fois, c'est là que se construisent la crédibilité et une partie de la confiance empruntée. En étant inscrit auprès de l'association professionnelle, cela signifie normalement que vous êtes qualifié pour faire ce que vous proposez.

Je pense que le point important à noter ici est simplement de comprendre le processus d'achat de vos clients cibles. Comment achètent-ils auprès des fournisseurs ? Ensuite, lancez-vous simplement dans ce processus de la manière la plus pratique qui leur convient.

Faire la vente

N'obligez pas votre client à franchir 1 000 obstacles pour acheter chez vous. Je vois tellement d'entreprises, généralement des types d'entreprises très techniques ou naturellement bureaucratiques, qui mettent de nombreux obstacles à la disposition d'un client qui achète chez elles. Ils ont des « contrôles » à passer.

Demandez-leur pourquoi ils suivent ces étapes ou ces listes de contrôle, et ils vous diront que c'est ainsi que cela se passe dans l'industrie. Ce n'est pas parce que quelque chose a toujours été fait de cette façon qu'il faut continuer à le faire de cette façon.

Un exemple de ceci est lorsqu'une entreprise demande à voir les relevés bancaires, une preuve d'identité, etc. d'un client avant de l'inscrire en tant que client. Tout cela est bien beau, et c'est un processus qui doit être suivi pour que l'entreprise se conforme à des éléments tels que la réglementation sur le blanchiment d'argent. Mais le client n'a même pas encore accepté d'acheter chez vous.

Qu'y a-t-il de mal à obtenir leur signature sur le contrat, puis à obtenir leur paiement, puis à remplir les listes de contrôle dans le cadre du service que vous proposez ?

Souvent, ces « règles » sont établies par des personnes assises dans des pièces sombres, qui ne parlent jamais à personne et n'ont aucune notion des affaires, ni de la psychologie qui les sous-tend.

S'il y a des règles à respecter, cela signifie-t-il qu'il faut cocher toutes les 18 437 cases avant de passer la commande, ou peut-on attendre le lendemain de la signature des contrats ? Je suppose que c'est la dernière solution.

Parler leur langue

Les clients ne savent pas ce qu'est un *'pignon mineur à filetage à gauche'* c'est le cas, et ils n'ont pas non plus besoin de le savoir. Ils achètent le « QUOI », et non le « COMMENT ça marche ».

Leur parler dans un jargon technique les endormira ou rompra le rapport avec eux qui est vital pour conclure une vente. Imaginez si quelqu'un venait vous rendre visite et commençait ensuite à parler dans une langue étrangère. Vous les regarderiez avec un visage vide, n'est-ce pas ?

Même si vous pensez qu'un client comprend de quoi vous parlez, ce n'est pas le cas. Si vous avez vraiment besoin d'expliquer le jargon technique, expliquez-le de la même manière que vous le feriez pour un enfant de cinq ans. Sinon, dites-leur simplement que vous allez résoudre leur problème, c'est tout ce qui les intéresse vraiment.

Si votre client potentiel a un besoin, il viendra vers vous par curiosité. Si ce client potentiel n'en a pas besoin, faites un suivi avec lui lors d'autres réunions lorsque vous êtes dans la région. Après tout, nous n'avons pas besoin d'acheter des produits de nettoyage tous les jours de la semaine, ce n'est pas parce qu'un vendeur est arrivé à votre bureau que nous allons modifier notre processus d'achat à son convenance.

Mon estimation est que vous aurez besoin d'une liste prospective d'environ 100 cibles motivées et de jusqu'à 6 mois pour nourrir ces cibles avant qu'il ne vous soit demandé de commencer à soumissionner pour leur entreprise. Je dis 100 car vous n'aurez qu'environ 4% qui auront une envie à ce moment précis où vous les contacterez.

Cela signifie que nous avons ici deux facteurs clés de succès.

    I.   Devenez une priorité pour ces acheteurs motivés,

           Et

II. Chronométrez votre approche au moment exact où ils ont besoin de votre entreprise. Sur ces 4 %, si vous êtes un fournisseur inconnu, vous serez tout simplement ignoré. Il faut du temps pour devenir une priorité auprès de votre cible. Certains experts en marketing ont mené des recherches suggérant qu'il faut en fait 6 communications avec une cible avant qu'elle ne vous reconnaisse réellement en tant que fournisseur. Ne prenez pas ce fait trop personnellement, c'est simplement la façon dont notre esprit fonctionne. Pensez à la dernière fois que quelqu'un vous a envoyé un e-mail, vous avez probablement pensé qu'il s'agissait de spam les premières fois, mais peut-être qu'à la troisième communication, vous vous êtes intéressé au titre du sujet. La quatrième fois que vous étiez trop occupé pour y prêter attention, la cinquième fois, vous avez demandé à votre collègue s'il avait déjà entendu parler du courrier, mais vous l'avez ensuite oublié. La sixième fois, vous vous êtes dit : « oh oui, je me souviens de lui, je vais demander plus d'informations », et c'est juste si vous êtes intéressé par ce qu'il propose. Je suppose seulement que ce sont les étapes de la manière dont cela se déroule dans les enquêtes menées par les professionnels.

Repensez à l'époque du pré-e-mail, vous leur avez peut-être envoyé 6 catalogues avant qu'ils ne commencent à examiner vos produits. Peut-être qu'à ce moment-là, il était beaucoup plus élevé, ou peut-être qu'il était beaucoup plus bas ? Cela dépend probablement de ce que vous proposez et de la demande de votre segment de clientèle.

Une cible motivée n'est pas seulement le nom d'une entreprise. Une cible motivée est le nom d'un acheteur, ses coordonnées et autant d'informations le concernant, susceptibles de vous aider à établir une relation. De nombreuses entreprises essaient de vous vendre des listes de prospects pour des acheteurs dits motivés.

Ayant moi-même testé cet itinéraire dans le passé, vous pouvez les diviser en deux catégories : premièrement, vous obtiendrez des listes avec juste un nom d'entreprise, un numéro de téléphone et peut-être une adresse e-mail centralisée, telle que « info@ ».

La deuxième source est celle où sont répertoriés les directeurs principaux, et parfois vous obtiendrez même une adresse e-mail directe pour eux. D'accord, vous pourriez penser que ce sont les plus précieux, et vous paierez probablement plus que prévu pour en obtenir une copie, mais cela signifie-t-il que le vice-président ou le PDG voudra acheter votre produit ou service... Non ! Votre e-mail ou votre lettre ira directement dans la corbeille anti-spam et vous n'en entendrez plus jamais parler.

La raison en est que, d'une part, ces personnes ne traitent pas avec des fournisseurs, et d'autre part, parce qu'elles reçoivent probablement des centaines de mails similaires chaque jour, de la part de personnes qu'elles n'ont jamais rencontrées, et qu'elles n'ont probablement jamais envie de rencontrer. Vous venez donc de gaspiller votre argent.

Ce n'est pas parce que vous avez les noms de 1 000 personnes sur une liste devant vous qu'elles veulent acheter chez vous. Le seul véritable premier contact motivé à acheter est celui qui vous a contacté. Ne vous trompez pas en pensant le contraire, cela pourrait coûter très cher !

Lorsque vous atteignez finalement l'étape de l'appel d'offres, il y a quelques domaines clés à maîtriser :

- Découvrez exactement ce que veut le client
- Vendez-leur exactement ce produit/service

- Ce n'est pas parce que votre entreprise peut vous fournir quelque chose de plus rentable que ce client l'a demandé. N'essayez pas de le vendre. Présentez-le plus tard, lorsque vous aurez compris leurs besoins et leurs habitudes d'achat.

- Présentez les avantages, pas les fonctionnalités. Peu importe que le liquide de nettoyage soit « nouveau et amélioré », je suis un acheteur, alors expliquez en quoi cela me bénéficiera ?

Signer le contrat.

Les grandes entreprises ont des contrats d'achat, mais sinon, rédigez votre propre contrat et vos conditions générales. Il s'agira d'un petit coût initial que vous pourrez utiliser comme modèle plus tard. Cela vous donnera également une apparence plus professionnelle et organisée, tout en vous protégeant légalement. Si vous travaillez dans une grande industrie, il y a de fortes chances que 50 % de vos concurrents ne le fassent pas.

Souhaitez-vous avoir l'air plus professionnel qu'eux aux yeux de votre client ?

Le moyen le plus simple d'obtenir cela est soit de s'adresser à un avocat spécialisé dans les entreprises en démarrage, soit parfois, si vous vous adressez à la chambre de commerce locale ou à d'autres groupes de membres d'entreprises comme celui-ci, ils disposeront de packs de démarrage comprenant les différents modèles juridiques qui dont vous pourriez avoir besoin pour votre entreprise, et ils sont souvent très bon marché.

Livrer le produit ou le service.

- Confirmez ce qu'ils veulent
- Livrer exactement ce qu'ils veulent
- Livrer exactement quand ils le souhaitent
- Livrer exactement où ils veulent
- Livrez-le avec soin et qualité

- Faites croire au client que vous vous souciez de lui

Ce n'est pas compliqué, mais de nombreuses petites entreprises oublient au moins un de ces points et se demandent ensuite pourquoi leur client s'est plutôt tourné vers le grand fournisseur national. C'est parce qu'ils ont été cohérents à chaque fois.

Si un client vous dit qu'il souhaite un nouveau système de chauffage dans sa maison, c'est parce qu'il souhaite un système de chauffage qui fonctionne HIER. J'ai vu tellement d'entreprises fournir un service, mais cela semble prendre une éternité pour le fournir.

Ayant moi-même livré de très gros contrats à 7 chiffres, le timing est probablement le facteur le plus important lorsque vous arrivez à ce niveau de contrat. Si vous ne pouvez pas vous présenter ou livrer ce que le client veut, alors que vous aviez convenu de le faire, je suis désolé, mais ce n'est tout simplement pas professionnel et vous ne devriez pas diriger une entreprise. Le monde serait meilleur si les entreprises prenaient les choses un peu plus au sérieux, au lieu de tout traiter comme un passe-temps.

Si c'est vous, ARRÊTEZ D'Y JOUER.

Facture pour le produit ou le service.

Il y a tellement de propriétaires de petites entreprises qui n'aiment pas la paperasse. Si vous n'êtes pas payé, pourquoi l'avez-vous fait en premier lieu ? Cela fait partie du processus commercial, si vous n'aimez pas facturer le client, alors ne créez pas une entreprise qui a besoin d'un système de facturation et de crédit.

Un exemple pourrait être un magasin de détail. Cela s'accompagne cependant d'autres types de paperasse. Si vous n'aimez pas la paperasse, demandez à quelqu'un d'autre de le faire ou ne démarrez pas du tout votre entreprise.

Dans la mesure du possible, mettez en place un système de facturation automatisé pour ne pas avoir à vous en soucier. Une version de base consisterait, lorsque vous signez le contrat, à revenir à votre ordinateur.

Si vous utilisez un logiciel de traitement de texte/tableur de base, remplacez simplement l'en-tête « Devis » ou « Devis » par « Facture ». Vous devrez peut-être modifier certains libellés au passé. S'il existe une date d'achèvement garantie pour la commande, alors simplement joignez-le immédiatement à un e-mail et définissez un délai de livraison au client jusqu'après cette date.

Alternativement, si les factures doivent être publiées, faites-les imprimer immédiatement, prêtes à être envoyées, et postdatez l'enveloppe afin de ne l'envoyer qu'après la date d'achèvement.

Vous serez surpris de voir à quel point les clients aiment recevoir une facture à la date d'achèvement. Cela vous fait paraître beaucoup plus professionnel qu'une entreprise qui n'envoie pas de facture au client pendant 3 mois.

Si vous vous sentez coupable de demander de l'argent à un client, repensez à votre tableau de flux de trésorerie. Si vous vous sentez toujours coupable, quittez votre entreprise et acceptez un emploi rémunéré. Ou, une suggestion encore meilleure : allez travailler volontairement si vous n'avez vraiment pas besoin ou ne voulez pas d'argent.

La solution ci-dessus est un système très basique, mais à mesure que votre entreprise se développe, vous adopterez évidemment un système plus professionnel pour faire face à l'évolution.

Assurez-vous de savoir qui est responsable du paiement des factures. Cela ne sert à rien d'envoyer une facture au directeur général s'il dispose d'un comptable.

Renseignez-vous à l'avance sur le processus de paiement et suivez-le exactement. Peut-être faut-il d'abord qu'il soit signé par quelqu'un d'autre ? Être payé à temps peut être beaucoup plus difficile que de réaliser la vente initiale.

La plupart des entreprises paient selon des conditions de crédit de 30 à 60 jours, mais si vous comprenez mal le processus, la durée de ce délai pourrait très facilement doubler, ce qui pourrait entraîner de graves problèmes de trésorerie pour votre entreprise.

Tester et perfectionner le modèle

Jusqu'à présent:

- Vous avez identifié vos points forts
- Vous avez identifié vos clients cibles
- Vous avez planifié votre approche
- Vous avez créé votre entreprise en personne morale
- Vous avez vendu, livré et facturé votre produit ou service

Il est maintenant temps d'analyser ce que vous avez fait et quand vous l'avez fait.

Vous trouverez ci-dessous un certain nombre de questions que vous devriez vous poser. Si vous avez pris des notes au début du processus, les documentez à chaque étape, avec les délais, les ressources nécessaires, les coûts pour chaque processus, etc., ce sera beaucoup plus facile lorsque vous arriverez à cette étape.

- Pourriez-vous accélérer le processus de vente ? Vous ne pouvez pas modifier les actions du client, mais vous pouvez améliorer vos propres actions.

- Combien de prospects avez-vous contactés et quel a été le taux de réponse ?

- Quelle a été la durée du cycle de vente ?

- Existe-t-il un moyen de réduire les coûts dans ce processus ?

- L'un des processus peut-il être automatisé ou simplifié ?

- Avez-vous utilisé différentes formes de marketing et laquelle a eu le plus de succès ?

- Y a-t-il quelque chose que vous auriez pu faire mieux pour fournir le service ?

- Quels commentaires le client vous a-t-il donné ?

- Pourriez-vous fournir le service à moindre coût ou plus efficacement ?

- Pouvez-vous simplifier le processus de livraison ?

- Comment allez-vous maintenir le même niveau de livraison ?

L'objectif ici est de perfectionner votre business model. C'est quelque chose que la plupart des entreprises ne font pas. Lorsqu'ils réalisent des ventes, ils croient que leur entreprise est perfectionnée. Ils pensent qu'ils disposent déjà du processus et du modèle économique optimaux, même si cela pourrait être fait plus efficacement et générer des bénéfices dix fois plus élevés.

Vous le ferez maintenant, mais vous le ferez également dans 6 mois, 1 an, 2 ans, 3 ans, 5 ans, et ainsi de suite. Grâce aux changements technologiques continus, vous pouvez améliorer très facilement l'efficacité de vos propres processus. Si vos concurrents ne le font pas, cela vous donne une longueur d'avance et vous rend potentiellement également plus rentable. J'ai souvent constaté cela, en particulier dans les entreprises familiales plus anciennes, qui n'ont pas réussi à maîtriser la technologie. J'en ai vu qui utilisent encore des machines à écrire au lieu d'ordinateurs.

Pouvez-vous imaginer à quel point votre entreprise est plus efficace par rapport à ce type d'entreprise ?

Les entreprises qui ne suivent pas le changement ou ne luttent pas contre le changement finissent par mourir. Les grandes chaînes de location de vidéos sont un exemple typique d'entreprise qui ne suit pas le changement. Il y a quinze ans, la location de vidéos et de DVD représentait une grosse affaire. Il y avait des magasins de location dans chaque centre commercial et dans chaque rue principale. Comparez cela à aujourd'hui où nous pouvons regarder n'importe quel film que nous voulons, soit en ligne, soit via le paiement à la séance via une télévision numérique, un service présent dans de nombreux foyers équipés d'un téléviseur moderne. Ainsi, pour un coût très modique chaque mois, nous pouvons regarder autant de films que nous le souhaitons.

Les grandes chaînes de location de vidéos ont dû considérer qu'Internet allait échouer et que leur modèle économique serait sûr. Quelle erreur de ne pas avoir accepté le changement et de ne pas se repositionner sur un marché en évolution.

Mettre un plan en place

Bon, pour l'instant :

- Vous avez identifié vos points forts

- Vous avez identifié vos clients cibles

- Vous avez planifié votre approche

- Vous avez créé votre entreprise en personne morale

- Vous avez vendu, livré et facturé votre produit ou service

- Vous avez perfectionné votre modèle économique

Vous devez maintenant planifier en fonction de vos expériences précédentes.

C'est là que votre plan d'affaires entre en jeu. C'est à ce stade que vous pouvez potentiellement contacter quelqu'un pour obtenir un financement. Vous pouvez créer des projections basées sur des exemples réels. Je ne suis pas un grand fan des plans d'affaires ; Je pense qu'il s'agit d'un outil utilisé par les banques comme modèle pour prendre des décisions. Je pense qu'ils ne représentent pas vraiment une entreprise ou ses propriétaires, et leur mise en place prend également beaucoup de temps et de ressources.

Un plan d'affaires peut être parfaitement rédigé par un étudiant universitaire, mais cela ne signifie rien sur la viabilité de l'entreprise pour attirer des investissements. Ce n'est qu'une grande liste de souhaits. À moins d'avoir une boule de cristal, comment peut-on prédire l'avenir ?

Cela dit, nous devons présenter nos résultats sous un certain format, et si vous contactez une banque pour obtenir un financement, vous devrez malheureusement suivre ses procédures et élaborer un plan d'affaires. Prévoyez 6 semaines dans votre calendrier et vous devriez presque le terminer.

Si vous choisissez cette voie, demandez à votre banque un modèle de plan d'affaires qu'elle utilise. Cela vous donnera une idée des points les plus importants qu'ils souhaitent voir couverts dans le plan. J'ai déjà développé un plan et je l'ai livré, mais j'ai découvert qu'ils ne l'accepteraient pas car il n'était pas dans leur « format approuvé » pour la mise en page, etc. C'est à ce stade que j'ai réalisé que l'entreprise réelle ne le faisait pas. compte pour ces gens; Il s'agissait plutôt de savoir si je pouvais suivre leurs procédures.

Je pense qu'il existe de meilleures options pour financer une entreprise que les prêts bancaires traditionnels, comme le financement participatif, l'investissement en actions ou une combinaison des deux.

La plupart du temps, les banques ne prêtent pas à une entreprise en démarrage à moins que vous ne disposiez d'un patrimoine personnel important dont elles peuvent prendre en charge. Personnellement, je n'essaierais jamais d'emprunter de l'argent à une banque pour de « nouvelles » idées. La dette ne devrait être utilisée que pour une entreprise qui dispose déjà d'un bon flux de trésorerie. La dette sert essentiellement à payer ce qui existe déjà.

Les nouvelles entreprises ou les nouvelles idées de croissance dans une entreprise doivent être financées par des investissements en fonds propres. Bien qu'il soit extrêmement difficile de trouver du financement pour une petite entreprise, j'ai donné un bref aperçu de quelques pistes différentes que vous pourriez envisager d'examiner.

Capital-risque

Les fonds de capital-risque investissent dans des entreprises en démarrage et en démarrage. Ils se concentrent principalement sur les entreprises qui peuvent devenir une entreprise valant un milliard de dollars au cours des 6 à 8 prochaines années.

Si votre idée d'entreprise ne peut pas atteindre 100 millions de dollars de revenus dans les prochaines années, je chercherais ailleurs. La majorité des fonds de capital-risque ont tendance à se concentrer sur les entreprises technologiques, car celles-ci dépendent moins des ressources humaines ou physiques et évoluent donc très rapidement.

Investisseur providentiel

Le titre d'investisseur providentiel était auparavant réservé aux particuliers fortunés, mais cette tranche est désormais ouverte à toute personne disposant d'un petit montant d'épargne en banque. Même si avoir accès à davantage de personnes peut être une bonne chose, il existe également des inconvénients majeurs, en particulier lorsqu'une personne sans expérience en affaires essaie de vous indiquer la meilleure façon de gérer votre entreprise. L'autre côté, c'est d'accepter l'argent, mais de n'avoir aucune guidance non plus.

Si vous trouvez un investisseur fortuné (High Net Worth) dans ce pool, il voudra probablement s'impliquer, et s'il a la bonne expérience du secteur et les bonnes relations, ce ne sera qu'une bonne chose - Mais dans ce pool en expansion, cela semble être une trouvaille rare de nos jours.

Il existe de nombreux réseaux d'investisseurs providentiels auxquels vous pouvez adhérer moyennant une somme annuelle modique, et vous paierez normalement des frais de financement d'environ 5 % du capital levé.

Financement participatif

Le financement participatif est essentiellement un pool d'investisseurs qui placent chacun une petite somme d'argent dans une cagnotte centrale. La cagnotte prend alors des capitaux propres dans votre entreprise.

Généralement, lorsque vous collectez des fonds via le financement participatif, vous devez déjà disposer d'environ 70 % de l'argent collecté via votre réseau, afin de mener à bien la collecte de fonds.

Cela s'explique en partie par le fait que d'autres investisseurs ont constaté une dynamique dans la levée de fonds. Avec de nombreuses opportunités de financement participatif, vous disposerez d'un délai précis pour obtenir un investissement. Si vous ne parvenez pas à réunir 100 % de l'argent nécessaire, l'investissement de chacun leur est restitué et vous ne recevez aucun argent.

Avec le financement participatif, il est très rare que vous ayez une interaction avec des investisseurs individuels, car il peut y avoir 1 000 investisseurs ou plus, donc si vous recherchez des conseils ou un soutien commercial, ce n'est probablement pas la meilleure voie pour vous. Lorsque vous recevez un investissement par cette voie, vous paierez normalement des frais de financement pouvant aller jusqu'à 5 % du capital levé.

Subventions

Des subventions sont occasionnellement disponibles pour certains types d'entreprises. Cela dépend normalement des priorités du gouvernement local ou du fait que vous fournissiez un certain type de service. Celles-ci peuvent aller d'incitations, comme une faible fiscalité pendant 3 ans, à des services gratuits si vous créez votre entreprise dans un endroit particulier ou dans leurs locaux commerciaux à prix réduit.

Normalement, pour obtenir de l'argent grâce à une subvention, vous devez d'abord dépenser l'argent avant de le récupérer. Cela peut être un processus très long. Cela vaut la peine de travailler avec une société de rédaction d'offres professionnelle si vous souhaitez obtenir ce type de soutien financier. Certaines industries normalement favorables à l'octroi de subventions comprennent l'hôtellerie, la pêche et l'agriculture, ainsi que les énergies renouvelables.

Programmes d'incubation

Un programme d'incubateur est normalement un programme à court terme destiné à vous aider à créer votre entreprise et à obtenir une preuve de concept. Ils vous fourniront normalement des conseils de mentorat, ainsi qu'une formation pour vous aider à démarrer. Parfois, ils vous présenteront un réseau de clients potentiels, ou dans certains incubateurs, ils sont gérés pour le compte de grandes marques comme *British Airways*, et ils recherchent des produits ou des services qu'ils pourraient ajouter à leur propre entreprise. Pour en savoir plus sur les incubateurs d'entreprises, regardez une entreprise appelée *L Marques,* ils gèrent des programmes d'incubation pour le compte de nombreuses marques d'entreprise.

Les incubateurs ont également parfois accès à des investisseurs providentiels dans votre secteur. Un programme d'incubateur peut durer de quelques semaines à six mois. Bien que vous n'obteniez normalement pas de financement de leur part, beaucoup proposent un espace de travail gratuit ou à prix réduit, ainsi qu'un soutien aux entreprises pour vous aider à déménager.

Lorsque vous discutez avec une source de financement, vous devrez leur communiquer certains domaines d'informations clés, que ce soit par le biais d'un plan d'affaires traditionnel, d'un pitch deck ou d'une présentation de pitch. J'ai énuméré quelques domaines sur lesquels me concentrer. Veuillez noter que tout cela doit être basé sur ce qui s'est déjà passé dans votre entreprise jusqu'à présent.

Si vous prévoyez de réaliser une vente à partir de 50 % des objectifs que vous approchez, alors que dans le passé vous n'en avez réussi que 2 %, vos projets seront anéantis, car vous n'avez rien pour étayer vos prévisions. Si vos projections sont basées sur des hypothèses, essayez de prouver ou de quantifier autant d'hypothèses que possible, afin de lever le doute sur le processus.

1. Commercialisation
- Quel marketing faire ?

- Quels résultats attendons-nous ?
- Qu'est-ce que cela va nous coûter ?
- Quand devrons-nous payer pour cela ?

2. Ventes
- De notre marketing, quelles ventes allons-nous réaliser ?
- Quand réaliserons-nous ces ventes ?
- Quelle valeur attendons-nous de ces ventes ?
- Combien de temps faudra-t-il pour développer ces ventes ?
- Combien de temps devrons-nous consacrer aux ventes ?

3. Livraison
- Combien coûtera la livraison de notre produit/service ?
- Y a-t-il un délai d'attente de la part de nos propres fournisseurs ?
- Y aura-t-il une réduction des coûts grâce à la croissance de l'entreprise ?
- Les coûts augmenteront-ils à mesure que nous l'étendrons ?

- Quelle quantité de ressources faudra-t-il pour répondre à la demande ?
- Aurons-nous des fournisseurs et du personnel à payer, combien et quand ?
- Quel profit allons-nous réaliser ?

4. Rentabilité
- Combien devons-nous investir dans le marketing pour atteindre un salaire décent ?
- Quel sera le salaire des propriétaires/dirigeants de l'entreprise ?
- Combien devons-nous investir dans le marketing pour obtenir un salaire confortable ?

5. Flux de trésorerie et investissement
- D'après les projections, quand aurons-nous besoin d'investir des liquidités supplémentaires dans l'entreprise ?
- De combien d'investissement avons-nous besoin ?
- A quoi va servir l'investissement ?

- Comment avez-vous évalué votre entreprise en vue d'un investissement ?
- En cas de financement par emprunt, combien de temps faudra-t-il pour rembourser le financement ?
- Quel investissement les propriétaires peuvent-ils investir dans l'entreprise, et combien a-t-il été investi à ce jour ?

6. Plan d'affaires
- À quels obstacles l'entreprise sera-t-elle confrontée au fur et à mesure de sa croissance ?
- Comment allons-nous contourner ces obstacles ?
- Pourquoi sommes-nous différents des autres fournisseurs du marché ?

Obstacles

J'ai inclus ce chapitre comme une note complémentaire au reste du livre, plutôt que comme une instruction. Dans les chapitres précédents, je vous ai fait voyager depuis la réflexion sur votre idée d'entreprise jusqu'à sa transformation en une petite entreprise en phase de pré-croissance.

Nous allons maintenant examiner certains des obstacles auxquels une entreprise peut être confrontée à ses débuts.

1) Flux de trésorerie à court terme

2) Trouver le bon business/modèle

3) Réputation et se faire connaître

4) Faire le saut après avoir été employé

5) Ne pas avoir l'expérience commerciale pertinente

Flux de trésorerie à court terme

Personne ne sait exactement de combien d'argent ils auront besoin, mais il existe des moyens de minimiser cet impact sur votre entreprise. Le meilleur processus consiste à effectuer vos étapes de planification pendant que vous êtes employé et pendant que vous percevez un salaire à temps plein. Si vous pouvez gérer votre entreprise tout en ayant un emploi rémunéré, choisissez cette option.

Apprenez à vivre avec pratiquement rien. Réduisez vos dépenses, déménagez dans une maison plus petite, si cela est pratique et moins cher, puis louez une chambre dans la maison de quelqu'un d'autre, ou peut-être si vous avez des chambres libres dans votre propre maison, louez-les à d'autres personnes. Essayez d'avoir une autre source de revenus dans votre maison, ne serait-ce que pour payer les frais de subsistance de base.

Au fur et à mesure que vous progressez dans votre entreprise, n'épuisez pas votre solde bancaire. Pour ce faire, utilisez votre expérience d'essai comme guide pour déterminer quels pourraient être vos résultats à l'avenir. Au fil du temps, vos résultats précédents s'amélioreront. Dans la mesure du possible, utilisez uniquement les découverts et les cartes de crédit comme fonds d'urgence pouvant être remplacés en quelques jours. Ils sont extrêmement coûteux et votre entreprise ne devrait pas compter sur eux pour fonctionner. Si c'est le cas, changez-le.

Essayez toujours de gérer votre entreprise comme si vous ne pouviez pas accéder à ces formes de financement à court terme.

Il se peut qu'à un moment donné dans le futur vous ne disposiez plus de ces installations, donc les mettre en place de cette façon maintenant aidera votre entreprise à se développer sans dépendre de financements externes.

Trouver le bon business/modèle

Si vous avez suivi les étapes depuis le début, vous aurez désormais identifié votre type de personnalité. Il s'agit probablement de l'étape la plus importante et la plus importante pour trouver l'entreprise qui vous convient.

Trouver le bon modèle économique se fait par essais et erreurs jusqu'à ce qu'il soit parfait. Vous ne voulez pas être comme toutes les autres entreprises du secteur, mais vous n'êtes pas non plus obligé de réinventer la roue. Améliorez-le simplement d'une petite manière. Lorsqu'ils ont inventé le pneu, ce n'était pas pour remplacer la roue ; il s'agissait d'améliorer l'expérience reçue lors de l'utilisation du volant. Faites de même avec votre entreprise et vous adopterez une stratégie gagnante.

Réputation/Devenir connu

Difficile de se faire connaître en peu de temps. Votre position idéale est d'être au premier plan auprès de tous vos clients cibles.

Votre réputation est ce qui fera ou détruira votre entreprise. Nous vivons dans un monde dans lequel les gens aiment se plaindre et, malheureusement, la plupart aiment aussi faire partie du drame. Si vous avez fait quelque chose de mal, réparez-le immédiatement, sinon votre entreprise mourra du jour au lendemain.

Travailler avec votre réseau de connexions existant améliorera considérablement vos chances de survie, car vous avez déjà établi une relation de confiance avec eux.

Concentrez-vous sur la fourniture d'une bonne expérience et votre entreprise se développera à temps.

Faire le saut après avoir été employé

Se lancer en affaires ne doit pas nécessairement être l'obstacle effrayant que beaucoup de gens envisagent comme étant le processus. Faites votre planification pendant que vous êtes encore employé.

Lorsque vous avez terminé votre planification et que vous êtes prêt à démarrer votre entreprise, il est toujours utile de demander à votre employeur s'il envisagerait de vous employer, vous ou votre entreprise, à titre de travailleur indépendant à temps partiel. Cette option pourrait permettre à votre employeur d'économiser de l'argent et devrait également vous donner plus d'argent dans votre poche - en fonction des règles fiscales de votre pays.

En règle générale, vous devriez viser à économiser au moins 3 mois de salaire, ce qui, espérons-le, vous donnera environ 6 à 9 mois de répit si vous avez réduit vos dépenses. Vous aurez également besoin du soutien moral de votre partenaire/famille à ce stade.

Expérience en affaires

La plupart des personnes qui se lancent en affaires n'ont eu qu'une expérience pratique et n'ont jamais vraiment été impliquées dans la gestion réelle de l'entreprise en aval. Il s'agit d'un élément essentiel du succès d'une entreprise, et sans « connaissances commerciales », vous ne durerez pas très longtemps.

Pendant que vous occupez toujours un emploi rémunéré, vérifiez si vos autorités locales/groupes d'entreprises proposent des formations de démarrage telles que le marketing, l'administration, le réseautage ou la sensibilisation financière. Cela vous sera d'une valeur inestimable, et la plupart des formations de ce type que j'ai vues ont tendance à être gratuites si vous rejoignez le groupe.

C'est aussi le bon moment pour rencontrer d'autres personnes dans la même situation que vous. Vous pourriez avoir l'occasion de faire circuler des idées et même de modifier vos idées existantes pour les améliorer.

Ces autres personnes pourraient également un jour devenir votre client potentiel, alors commencez tôt à établir vos relations.

Pour conclure ce chapitre, j'aimerais également aborder certaines craintes qui empêchent parfois les gens de se lancer dans la création de leur propre entreprise.

Ce sont généralement :

- Peur de l'échec
- Peur de la faillite
- Absence de diplôme universitaire

Peur de l'échec

Ne laissez pas la peur de l'échec vous empêcher de poursuivre votre objectif. Regardez les plus grands chefs d'entreprise du monde. Beaucoup d'entre eux ont connu des échecs gigantesques à leur époque, certains le font encore aujourd'hui.

Ils utilisent les échecs pour perfectionner leur modèle économique et tirer les leçons de l'expérience. L'échec n'est pas la fin de votre parcours – c'est le début de votre nouveau parcours d'apprentissage. Regardez certains des chefs d'entreprise les plus en vue, Simon Cowell, Steve Jobs, Richard Branson. Ils ont commis des erreurs, mais ils en ont tiré des leçons et ont finalement fait de leur rêve une réalité.

Peur de la faillite

À un moment donné dans le futur, vous pourriez être au bord de la faillite. Cela ne veut pas dire que vous devriez attendre que cela se produise. Je vous conseillerais cependant de réduire la responsabilité ou l'impact négatif sur vous-même et votre famille avant que cela ne se produise. Cela peut arriver à tout moment ; votre entreprise est peut-être en plein essor, mais ensuite vous vous réveillez avec la nouvelle d'un krach économique, ou un gros client décide de ne pas vous payer, et BOUM, c'est fini.

Imaginez que vous vous réveillez et découvrez que vos locaux professionnels ont été entièrement incendiés. Et si vous étiez renversé par un automobiliste et que vous restiez dans le coma pendant 3 mois ? Comment votre entreprise survivrait-elle à ce type d'incidents ?

Configurez votre entreprise de manière à éviter tout dommage si de tels exemples vous arrivaient et assurez-vous toujours de payer vous-même. Si vous n'avez pas de fonds personnels en réserve et que le pire devrait arriver, vous vous retrouverez également avec une faillite personnelle. Juste au moment où tu pensais que les choses ne pourraient pas être pires.

Réduisez les risques : préparez-vous à l'avance.

Absence de diplôme universitaire

Certains des plus grands noms du monde des affaires n'ont pas terminé leurs études. La plupart n'ont aucun diplôme. Ne laissez pas le système éducatif, avec toutes ses étiquettes, définir le reste de votre vie. Il n'est pas nécessaire d'être bon à l'école pour réussir en affaires. Personnellement, je pense que cela fonctionne de la manière inverse.

Trouvez votre passion, utilisez vos points forts, travaillez dur et travaillez intelligemment. Le seul degré dont vous avez besoin est un certain degré de persévérance.

Problèmes de santé et handicaps

De nombreux hommes d'affaires parmi les plus importants du monde ont également été diagnostiqués avec toutes sortes de conditions et d'étiquettes. Qu'il s'agisse de dyslexie, de dyspraxie, de TDAH, d'autisme, de diabète ou de toute une série d'autres handicaps physiques. Ces personnes sont devenues milliardaires malgré le fait qu'elles aient été étiquetées avec ces conditions. Beaucoup de ces étiquettes sont créées par le système pour empêcher les « les plus brillants » de faire bouger les choses dans leur vie.

Il y a une raison spirituelle derrière cela, qui fera l'objet d'un autre livre. Ne laissez pas le système définir la façon dont vous vivez votre vie ou ce que vous pouvez réaliser. Le système est conçu pour produire des esclaves robotiques conformes.

Il est temps d'intensifier. Vous avez été mis sur cette planète pour quelque chose de plus grand que ce que vous pouvez imaginer actuellement. Arrêtez de vous trouver des excuses et continuez.

Conclusion

Tout au long de ce livre, nous avons examiné les étapes à suivre pour transformer vos idées commerciales en réalité. Ce n'est jamais un processus facile, mais c'est certainement un défi. Si vous aimez les nouveaux défis, vous apprécierez ce processus. Si vous considérez les défis comme quelque chose de négatif, alors démarrer une entreprise n'est pas fait pour vous.

Je ne te mentirai pas. Il y aura des jours où vous souhaiterez ne pas avoir commencé ce voyage. Chaque jour, des portes vous seront claquées au nez, des gens négatifs tout autour de vous vous expliqueront les raisons pour lesquelles vous ne pouvez pas le faire, sinon cela ne fonctionnera pas. C'est à vous de décider comment contourner cette négativité. Pour moi personnellement, c'est une véritable fuite émotionnelle. Je préfère rester complètement à l'écart des conversations négatives. Leur vision de la vie est basée sur leur propre capacité à renverser la situation, pas sur la vôtre, alors n'y prêtez pas attention et continuez.

Si vous échouez, apprenez simplement de votre expérience et faites les choses différemment la prochaine fois pour éviter de commettre les mêmes erreurs. Dépoussiérez-vous, dormez dessus, puis recommencez le jour/semaine/mois/année suivant.

Revenir à un emploi rémunéré affectera sérieusement votre confiance en vous - c'est bien pire que le sentiment d'échec initial, alors si c'est possible, quittez-le et recommencez votre entreprise, dès que vous le pouvez.

Vous serez confronté à un nouveau problème chaque jour. Les premières années, vous n'aurez pas d'argent. Vous apprendrez à vivre avec très peu d'argent et vous en apprendrez beaucoup plus sur les affaires que ce que vous pourriez apprendre à l'université ou dans un emploi rémunéré. Espérons que si vous suivez certains des conseils de ce livre, vous ne commencerez pas votre voyage à l'aveuglette. J'invite quiconque à me contacter et à me dire comment vous allez dans votre propre voyage.

Une fois que vous serez établi sur votre marché, jetez un œil à mon prochain livre, « *EXPAND : les 7 étapes fondamentales pour développer votre entreprise* », qui vous guide vers la prochaine étape de votre parcours professionnel.

A propos de l'auteur

Wayne Fox est un relanceur d'entreprise, un perturbateur de l'industrie, un promoteur immobilier commercial, un futuriste, un auteur à succès et un investisseur. Directeur du groupe Enyaw, une société d'investissement basée au Royaume-Uni qui investit dans « mode de vie libre » entreprises. Il a de l'expérience dans la réalisation d'une croissance des revenus à 7 et 8 chiffres dans le cadre de précédentes entreprises de PME.

Mes liens en ligne :

Site Web de Wayne Fox : www.wayne-fox.co.uk

Groupe Enyaw : www.enyawgroup.com

Capitale Enyaw : www.enyawcapital.com

Propriété Enyaw : www.enyawproperty.co.uk

Linkedin :https://www.linkedin.com/in/waynefoxuk

Twitter: https://twitter.com/WayneFoxUK1

Instagram :https://www.instagram.com/waynefoxuk

Youtube:https://www.youtube.com/@WayneFoxUK

Udemy :https://www.udemy.com/user/wayne-fox-6

www.ingramcontent.com/pod-product-compliance
Lightning Source LLC
Chambersburg PA
CBHW050214230526
45470CB00001B/387